DIE 99 SCHÖNSTEN SAUNA-DESIGNS*

*UND DIE 100STE SAUNA WIRD IHRE

PRÄSENTIERT VON

SAUNA DESIGN

Foto aus einem Garten in Oberbayern. Die Sauna dazu finden Sie auf Seite 146.

Foto: Matthias Dengler

INHALT

Foto aus einem Apartment bei Mainz. Die Sauna dazu finden Sie auf Seite 94.

99 BOOKS

99 Sauna-Designs, die Ihnen eine Vielzahl an Ideen für die Umsetzung Ihrer eigenen Sauna liefern. Vom kompakten Saunaraum bis zur eigenständigen Designsauna. Lassen Sie sich inspirieren!

VORWORT

Liebe Leserinnen und Leser,

herzlich willkommen bei den 99 SCHÖNSTEN SAUNEN. Die Sauna ist ein Ort der Erholung und der Ruhe. Ein Raum, der sich bewusst vom Alltag abgrenzt und dennoch fest in das Leben integriert ist. Wärme, Material, Licht und Stille treten hier in einen Dialog, der körperliche Entspannung ebenso ermöglicht wie geistiges Abschalten. Was einst ein klar funktionaler Gebrauchsraum war, hat sich im Laufe der Zeit zu einem vielschichtigen architektonischen Element weiterentwickelt – individuell geplant, gestalterisch anspruchsvoll und eng verbunden mit persönlichen Bedürfnissen und Lebensgewohnheiten. Die Sauna ist heute längst nicht mehr nur Zusatz, sondern oft ein bewusst gestalteter Rückzugsort mit hoher Aufenthaltsqualität.

„DIE 99 SCHÖNSTEN SAUNA-DESIGNS“ widmet sich dieser Entwicklung und zeigt, wie vielfältig zeitgenössischer Saunabau gedacht und umgesetzt wird. Der Bildband versammelt realisierte Saunaprojekte aus unterschiedlichen Ländern, kulturellen Kontexten und architektonischen Haltungen, jedoch mit klarem Fokus auf den deutschsprachigen Raum. Es geht dabei nicht um Visionen oder theoretische Entwürfe, sondern um gebaute, genutzte Räume. Saunen, die Teil eines Hauses, eines Gartens oder eines Hotels sind, die altern dürfen, Patina entwickeln und ihren eigenen Charakter entfalten. Jede dieser Saunen ist Ergebnis eines konkreten Ortes, einer spezifischen Aufgabenstellung und eines intensiven Planungsprozesses – genau darin liegt ihre Qualität.

Im Mittelpunkt steht nicht der Superlativ, sondern die Vielfalt. Die gezeigten Projekte reichen von kompakten, in Badezimmer integrierten Lösungen bis hin zu großzügigen Wellnessräumen, von reduzierten Gartensaunen bis zu atmosphärischen Hotelanlagen. Sie zeigen, dass eine gute Sauna-Architektur nicht von Größe oder Budget abhängt, sondern von Klarheit, Präzision und dem Zusammenspiel aller Elemente. Eine gelungene Sauna ist stimmig, nicht laut. Sie fügt sich in ihre Umgebung ein oder setzt bewusst einen Kontrapunkt, ohne sich dabei aufzudrängen.

Um diese Bandbreite nachvollziehbar zu machen, ist dieser Bildband in vier Rubriken gegliedert, die sich an typischen Nutzungsszenarien orientieren. Die erste Rubrik zeigt Saunen als Teil privater Wellnessräume – sei es die Sauna alleine oder eingebettet in kleine Wellnessbereiche, in Verbindung mit Pools, Ruhezonen oder Ausblicken in die Natur. Die zweite Rubrik widmet sich Saunen, die harmonisch in private Badezimmer integriert wurden und dort eine überraschend selbstverständliche Rolle im Alltag einnehmen. Die dritte Kategorie präsentiert freistehende Gartensaunen, die das Saunieren als bewusstes Ritual im Außenraum erlebbar machen. Die vierte Rubrik schließlich zeigt Saunen in Hotels, deren architektonische Konzepte, Material- und Detaillösungen für Hoteliers ebenso wie für private Saunainteressenten wertvolle Inspirationen bieten können.

Alle Projekte eint ein hoher gestalterischer Anspruch. Licht wird gezielt geführt, Materialien wurden bewusst gewählt und Proportionen sorgfältig austariert. Holz ist dabei weit mehr als Oberfläche – es strukturiert Räume, definiert Stimmungen und vermittelt Wärme im wörtlichen wie im übertragenen Sinn. Verglasungen öffnen den Raum zur Landschaft oder zum Wohnraum, ohne die notwendige Geborgenheit aufzugeben. Bänke, Liegen und Öfen wurden nicht einfach nur additiv gedacht, sondern als integrale Bestandteile der Architektur verstanden. So entstanden Saunen, die ruhig wirken und dennoch reich an Details sind.

Dieser Bildband ist für alle, die sich für gutes Design und eine hochwertige Ausstattung ihrer Sauna interessieren. Für passionierte Saunagänger.

Also genau für Sie!

Dieser exklusive Bildband möchte keine Rezepte liefern und keine normativen Antworten geben. Vielmehr versteht er sich als Einladung, sich mit der eigenen Vorstellung von Sauna auseinanderzusetzen. Wie soll sich der Raum anfühlen? Wie nah möchte man der Natur sein? Soll die Sauna Rückzugsort oder kommunikativer Treffpunkt sein, täglicher Begleiter oder bewusstes Ritual? Die gezeigten Projekte bieten Anhaltspunkte, Denkansätze und Lösungswege, ohne dabei Anspruch auf Übertragbarkeit zu erheben. Sie zeigen Möglichkeiten, nicht Vorgaben.

Gerade für private Leser, die sich mit dem Gedanken tragen, eine eigene Sauna zu realisieren, kann „DIE 99 SCHÖNSTEN SAUNA-DESIGNS" Orientierung bieten. Als Inspirationsquelle, als Vergleichsgrundlage, als stiller Begleiter im Entscheidungsprozess. Die Projekte lassen sich betrachten, wieder verlassen und erneut entdecken – mit wachsendem Blick für Details, Zusammenhänge und Qualitäten. Denn gute Gestaltung erschließt sich oft nicht schon auf den ersten Blick, sondern mit der Zeit.

Saunen sind stille Räume. Ihre Wirkung entfaltet sich nicht alleine durch Inszenierung, sondern auch durch Atmosphäre. Dieser Bildband folgt derselben Haltung. Er lädt dazu ein, sich Zeit zu nehmen – für Architektur, für Materialität und für das bewusste Erleben von Raum. Und vielleicht auch dafür, die eigene Sauna nicht nur als Funktion zu begreifen, sondern als persönlichen Ort der Ruhe.

Wir wünschen Ihnen viel Erfolg bei der Umsetzung Ihrer eigenen Traumsauna – und jetzt erst einmal viel Freude beim Entdecken der 99 SCHÖNSTEN SAUNA-DESIGNS!

Ihr Team von 99 Books

Foto aus einem Wohnhaus bei Zürich. Die Sauna dazu finden Sie auf Seite 50.

Foto aus einem Einfamilienhaus bei Garmisch-Partenkirchen. Die Sauna dazu finden Sie auf Seite 78.

Foto: Andreas Mayr

DIE SCHÖNSTEN SAUNA-DESIGNS

DIE SAUNA IM WELLNESSRAUM

Foto: DEISL Sauna & Wellness | MW-Architekturfotografie

Foto aus einem Wohnhaus in Salzburg. Die Sauna dazu finden Sie auf Seite 30.

Fotos: Thilo Härdtlein

DESIGN-DETAIL:
Die raumhohe Glasfront mit dezent integrierter Türe eröffnet die freie Sicht aus der Sauna auf den Relaxbereich. Die gemütlichen Loungemöbel vor Kamin und Fernseher sorgen für entspannte Momente zwischen den einzelnen Saunagängen.

WAS DIESES SAUNA-DESIGN BESONDERS MACHT:

In einem exklusiven Vorort von München entstand im Zuge eines Neubaus eine Wellnessoase, deren Planung und Ausführung von A1-Schwimmbadbau übernommen wurde. Während ein Schwimmbecken im Garten unter freiem Himmel für Badespaß sorgt, bekamen ein Whirlpool und eine Panoramasauna einen eigenen Haustrakt, der sich entlang des Schwimmbeckens in den Garten erstreckt. Die Saunakabine wurde flächenbündig in die Wand eingesetzt, sodass sie wie ein kleiner Nebenraum wirkt. Betreten wird sie über eine Glastür, die von zwei weiteren Glaselementen eingerahmt ist. Dank verdeckter Halterungen und minimierter Beschläge schließen sie nahtlos an Boden, Wand und Saunadecke an und erzeugen eine offene, lichte Wirkung. Im Inneren dominieren großformatige Holzverkleidungen mit sanfter horizontaler Maserung, die mit den beiden Liegeflächen korrespondieren. Mit modern geformten Kopfstützen kann darauf liegend der funkelnde Sternenhimmel der Kabine genossen werden, auf Wunsch unterstützt von indirektem Licht oder mehreren punktuellen Strahlern. Für das finnische Saunaklima ist ein schwarzer „Mythos“-Ofen von EOS verantwortlich, der zusätzlich über einen externen Verdampfer verfügt. Gegenüber öffnet eine raumhohe Glasfront den Blick in den Garten und auf das angrenzende Schwimmbecken, das im Winter als Tauchbecken zwischen den Saunagängen genutzt wird.

IMMOBILIE/ORT:
Wohnhaus bei München

SAUNA-DESIGNER:
A1-Schwimmbadbau GmbH
Fraunhoferstr. 23e
80469 München

KONTAKT:
Tel. +49 (0)89 2025340
info@a1-schwimmbadbau.de
www.a1-schwimmbadbau.de

WEITERE BETEILIGTE:
Architekten:
Studio 2S
Stephanie Seidl
www.studio2s.de

IMMOBILIE/ORT:
Wohnhaus am See in
Muskoka, Kanada

SAUNA-DESIGNER:
Akb Architects
www.akb.ca

DESIGN-DETAIL:
Eine minimalistische Gesamtoptik wurde in dieser Sauna nicht nur durch die nahtlose Verkleidung aus Red-Cedar-Holzbrettern erzielt, sondern auch mit den aus den Wänden ‚entwachsenden' Sitz- und Liegeflächen.

WAS DIESES SAUNA-DESIGN BESONDERS MACHT:

Auf einem weitläufigen Seegrundstück in Muskoka in der kanadischen Provinz Ontario entstand ein großzügiges Wohnhaus für eine generationenübergreifende Familie, das Erholung und Rückzug inmitten der Natur ermöglicht. Die Architektur gliedert sich in drei miteinander verbundene Baukörper, die je nach Nutzung intime Rückzugsräume oder offen gestaltete Wohnbereiche aufnehmen. Parallel zur Uferlinie angeordnet öffnet sich das Hauptgebäude mit seinen wichtigsten Funktionen großzügig zum See und nutzt die besondere Lage für eindrucksvolle Ausblicke. Auch die Sauna erhielt einen prominenten Platz im unteren Geschoss mit direktem Bezug zur Landschaft. Das gesamte Haus wurde mit einem hohen Anteil regionaler Naturmaterialien realisiert. Die Gebäudehülle besteht aus natürlich gealtertem Zedernholz, die Giebeldächer sind mit unterschiedlich breiten Schindeln aus Red Cedar gedeckt, die dem rauen Klima dauerhaft standhalten. Dieses Holz prägt auch den Innenraum der Sauna, abgesehen von der raumhohen Glasfront. Das sehr astarme Red-Cedar-Holz mit warmem Farbton und feiner Maserung wurde nahtlos verarbeitet und verleiht dem Raum auf diese Weise eine ruhige, zeitgemäße Anmutung. Es umschließt sanft die durch Nischen geprägte Raumgeometrie, in die Sitz- und Liegeflächen minimalistisch integriert sind und regelrecht mit den Wänden verschmelzen. Horizontal angeordnete Lamellen an den Rückenlehnen setzen dabei eine subtile Differenzierung im gleichen Material. Eine indirekte, warmtönige Beleuchtung unterstreicht die ruhige Atmosphäre und schafft ein zurückhaltendes, elegantes Saunaflair.

Fotos: Shai Gil

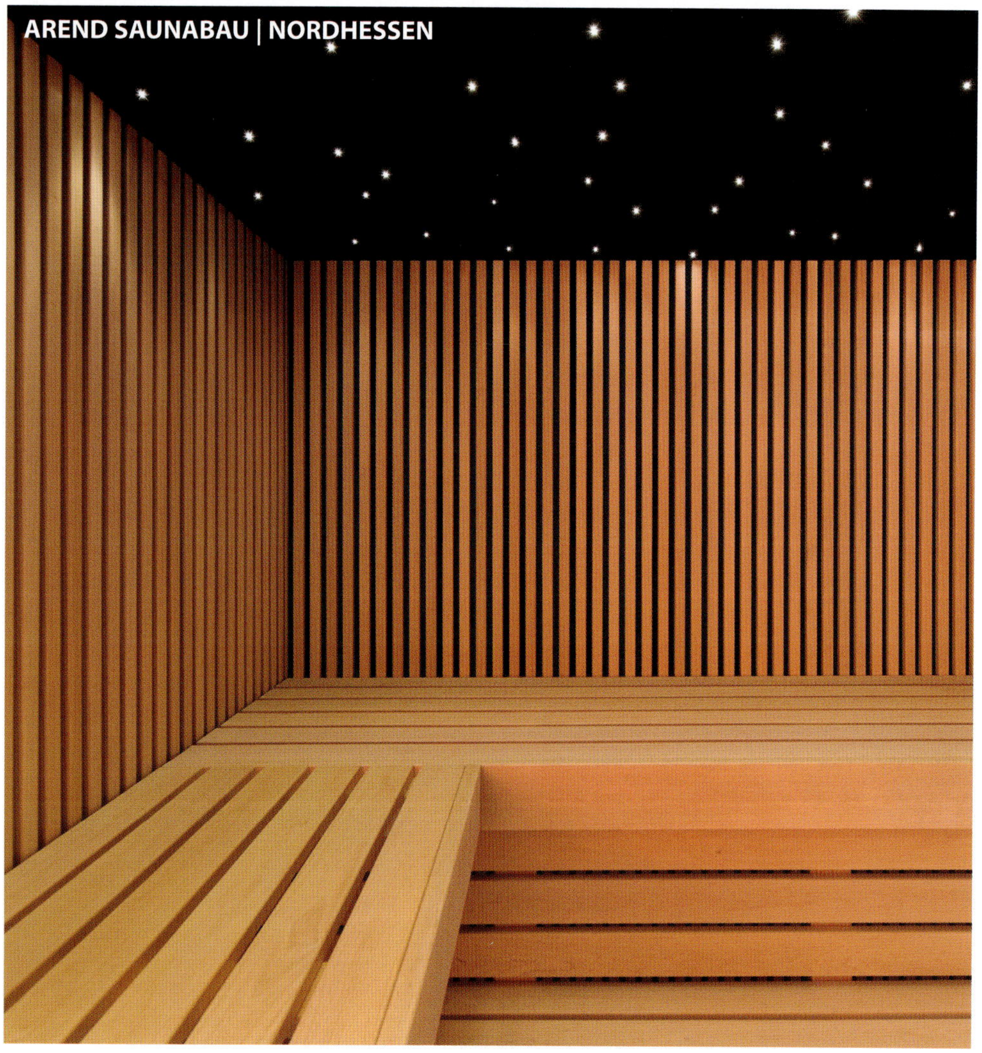

DESIGN-DETAIL:
Der Ofen dieser modernen Sauna bekam eine Krone aufgesetzt – statt Edelsteinen hat sie jedoch Himalayasalzbrocken, die während des Saunabetriebs Salzionen in die Umgebungsluft abgeben und so das Immunsystem stärken sollen.

IMMOBILIE/ORT:
Wohnobjekt in Nordhessen

SAUNA-DESIGNER:
Arend Saunabau GmbH & Co. Betriebs KG
Werrastraße 18
37242 Bad Sooden-Allendorf

KONTAKT:
Tel. +49 (0)5652 958850
info@arend.de
www.arend.de

WAS DIESES SAUNA-DESIGN BESONDERS MACHT:

Diese Designsauna befindet sich in einem hochwertigen Wohnobjekt in Nordhessen und wurde von Arend Saunabau realisiert. Die Gestaltung ist auf größtmögliche Transparenz ausgelegt, die durch eine zweiseitige rahmenlose Verglasung erreicht wurde und den uneingeschränkten Blick auf das markant ausgearbeitete Innendesign freigibt. Die Saunawände sind mit senkrechten Lamellen aus Erlenholz in Kombination mit schwarzem Federgrund verkleidet, ebenso wurden die geradlinig ausgeführten Saunaliegen aus Erlenholz gefertigt. Der warme Holzton des Interieurs bildet einen deutlichen Kontrast zu den schwarzen Elementen, darunter die Frontverkleidung, die die Glasflächen umschließt. Auch die Deckenverkleidung aus schwarzen Paneelen stimmt in das kontrastreiche Farbschema ein. Sie ist mit funkelnden Lichtpunkten versehen, die den Eindruck eines nächtlichen Sternenhimmels entstehen lassen. Formal und farblich harmoniert der kubische Saunaofen, der mit einer Design-Duftschale aus hitzebeständigem Quarzglas ausgestattet ist. Die entfaltet nicht nur dekorative Wirkung – sie ist mit Himalaya-Salzstücken gefüllt und dient der Anreicherung der Luft mit Salzionen. Inszeniert wird der Saunaofen durch eine Trilogie aus schwarzen Pendelleuchten im Tube-Design. Türbänder, Türgriff und Glaseinfassung sind ebenfalls in Schwarz gehalten und runden das durchgängig abgestimmte Erscheinungsbild ab.

WAS DIESES SAUNA-DESIGN BESONDERS MACHT:

In Merricks im australischen Bundesstaat Victoria entstand dieses konsequent nachhaltig konzipierte Wohnhaus an einem kleinen See, in dem trotz bewusst kompakter Wohnfläche Platz für eine Sauna gefunden wurde. Sie ist auf der vom Wasser aus gesehen rechten Hausseite untergebracht und beweist, dass selbst auf kleinem Raum ein hochwertiges Saunaerlebnis möglich ist. Ein im Vergleich zu den Raumdimensionen großzügig dimensioniertes Fenster öffnet den Saunaraum zum Garten und gibt den Blick frei auf das ruhige Grün und die Wasserfläche des Sees, wodurch die enge Verbindung zwischen Innenraum und Landschaft erlebbar wird. Das Saunainterieur ist schlicht, aber präzise gestaltet. Wände, Decke und Bänke sind vollständig mit Holz ausgekleidet, dessen rötlicher Farbton eine warme, behagliche Atmosphäre erzeugt. Trotz der kompakten Abmessungen konnten zwei längsseitige Saunabänke auf unterschiedlichen Höhenniveaus realisiert werden, ergänzt durch eine zusätzliche, quer unter dem Fenster verlaufende Sitzbank. Der Saunaofen ist platzsparend neben der Eingangstür positioniert und fügt sich unauffällig in das reduzierte Raumkonzept ein. Das gesamte Wohnhaus wurde nach japanischen Gestaltungsprinzipien geplant, wobei unnötige Flächen vermieden und Funktionen effizient gebündelt werden. So wurde die Sauna nicht zum Luxusobjekt, sondern zu einem selbstverständlichen Bestandteil eines entschleunigten, naturverbundenen Wohnens.

DESIGN-DETAIL:
In dem nachhaltigen Seehaus liegt der Fokus auf dem Wesentlichen. Die gesamte Wohnfläche ist klein, der Landleben-Faktor dafür umso größer. Der Ausblick aus der Sauna (Fenster rechts) bezieht diese Idylle mit in das Saunaerlebnis ein.

IMMOBILIE/ORT:
Nachhaltiges Haus in Merricks, Australien

SAUNA-DESIGNER:
Arkular
www.arkular.com

Fotos: Adam O'Sullivan

DESIGN-DETAIL:
Organische Formen, ein Lichtkonzept aus indirekten und direkten Lichtquellen und die Klammer aus erlesenem Holz verleihen dem Spabereich des Apartments einen futuristischen Look. Die blau geflieste Wand führt bis in die Sauna.

WAS DIESES SAUNA-DESIGN BESONDERS MACHT:

Im Blue Line Apartment, einem Luxusapartment in der iranischen Provinz Khuzestan, ist die Sauna integraler Bestandteil eines futuristisch anmutenden Wellnessbereichs, der hauptsächlich von der namensgebenden Farbe Blau geprägt wird. Sie liegt im hinteren Teil des Spa-Bereichs und ist als längliche Kabine mit großzügiger Glasfront ausgeführt, wodurch sie offen in die umliegende Wasserlandschaft eingebunden ist. Eine ihrer Seitenwände ist mit denselben blauen Fliesen verkleidet, die auch den angrenzenden Pool- und Nassbereich prägen und so eine starke visuelle Verbindung herstellen. Andere Wandflächen sowie die Decke sind vollständig mit Holz ausgekleidet, was einen warmen Kontrast zu den kühlen Fliesen bildet. Die Ausstattung der Sauna folgt einem reduzierten Konzept: Eine über Eck geführte Sitzbank definiert den Raum und wird von mehreren großen Scheinwerfern von unten inszeniert, die das Holz plastisch hervorheben. Direkt angrenzend befindet sich eine zweite Kabine, die in Geometrie und Proportionen exakt gespiegelt ist und als Dusch- und Abkühlungszone dient. Der Weg zur Sauna ist bewusst als Teil des Wellnesserlebnisses gestaltet und führt über abgerundete Trittsteine durch ein flaches Wasserbecken. Dadurch wird der Übergang von Bewegung und Aktivität hin zu Ruhe und Wärme bereits vor dem Betreten der Sauna erlebbar.

Fotos: Mohammad Hassan Ettefagh

IMMOBILIE/ORT:
Luxusapartment in Khuzestan, Iran

SAUNA-DESIGNER:
Asoo Abo Ayeneh Architectural Company
@asooarch.co

Fotos: BoysPlayNice

IMMOBILIE/ORT:
Villa in Nový Jičín, Tschechien

SAUNA-DESIGNER:
Atelier Štěpán
www.atelier-stepan.cz

DESIGN-DETAIL:
Eine Doppelfunktion erfüllt das Wasserbassin aus Edelstahl, das die schmale Sauna im Freien erweitert. Im hinteren Bereich fungiert es als Tauchbecken, um schnelle Abkühlung zu verschaffen, im vorderen als Kneippgang mit angenehmer Fußhaptik.

WAS DIESES SAUNA-DESIGN BESONDERS MACHT:

Diese elegante Villa im tschechischen Nový Jicín liegt nahe dem historischen Stadtkern und damit in einer vergleichsweise dicht bebauten Umgebung. Um dennoch möglichst viel Privatheit und ein Leben unter freiem Himmel zu ermöglichen, entwickelten die Architekten ein ungewöhnliches Wohnkonzept mit einem großzügigen Atrium als Herzstück. Dieses wird an zwei Seiten von den Wohnräumen gefasst, während eine weitere Seite durch einen großformatigen Holzlamellenschirm gefilterte Ein- und Ausblicke erlaubt. Zur Straßenseite hin schließen eine schmale, länglich angelegte Sauna sowie eine angrenzende Wand den Innenhof vollständig ab und übernehmen somit zugleich eine wichtige Schutzfunktion. Vor dieser Wand sind zusätzlich ein Tauchbecken und ein Kneippgang angeordnet, beide in einem maßgefertigten Edelstahlbecken vereint. So konnte der lineare Grundriss der Sauna konsequent fortgeführt werden, ohne dabei allzu viel wertvolle Gartenfläche zu verlieren. Gleichzeitig entstand zwischen Sauna und Wasser ein markantes, schräg gestelltes Fenster, das dem Innenraum eine besondere räumliche Spannung verleiht. Auch das Saunainterieur greift dieses Spiel mit Winkeln auf: Die Rückenlehnen sind geneigt, die Geometrie bewusst kantig ausgeführt. Insgesamt bleibt die Gestaltung zurückhaltend, mit klaren Flächen und indirekter Beleuchtung, die die besondere Architektur subtil betont. Die Sauna wird so zu einem integralen Bestandteil des Atriums und des Wohnkonzepts – funktional, atmosphärisch und konsequent auf Privatheit ausgerichtet.

AUROOM

DESIGN-DETAIL:
Um die Aussicht zu maximieren, wurde die Sauna nicht nur auf die Dachterrasse gesetzt, sondern dort auch noch auf ein Podest. Über drei Stufen und ein schmales Holzdeck ist sie zu erreichen und überragt dadurch auch den Whirlpool.

WAS DIESES SAUNA-DESIGN BESONDERS MACHT:

Einer Villa im exklusiven Abama auf Teneriffa setzte Auroom im wahrsten Sinne des Wortes eine Krone auf: eine maßgefertigte Außensauna auf der weitläufigen Dachterrasse, die den höchsten Punkt des Anwesens bildet und einen freien Blick auf den Atlantik eröffnet. Ausgangspunkt dieser Traumsauna war der Wunsch der Hausherren, die Dachfläche nicht nur für Technik wie den Aufzug zu nutzen, sondern sie in ein außergewöhnliches Wellnessareal zu verwandeln – als Ergänzung zum Terrassenpool eine Etage tiefer. Daraus entstand eine vollständig individuelle Lösung, bei der jede Abmessung und jedes Detail exakt auf die bestehende Architektur abgestimmt werden musste. Trotz der konstruktiven Komplexität wirkt die Sauna heute wie selbstverständlich in das Wohnumfeld integriert. Für die äußere Hülle wurden „Equitone"-Fassadenplatten gewählt, deren klare, moderne Anmutung und hohe Witterungsbeständigkeit ideal für die exponierte Lage auf dem Dach sind und zugleich eine harmonische Verbindung zur zeitgenössischen Villenarchitektur herstellen. Im Inneren vereint die Sauna klassisches Saunieren mit der Option zusätzlicher Infrarotanwendungen und bietet damit flexible Nutzungsmöglichkeiten. Ein ergonomisch geformter Loungeplatz mit leicht erhöhter Beinposition unterstreicht den komfortorientierten Ansatz der Innengestaltung. Direkt vor der Sauna wurde ein Outdoor-Whirlpool platziert, der das private Spa-Erlebnis ergänzt. In Kombination mit der Höhenlage und dem weiten Meerblick entstand ein außergewöhnlicher Ort der Entspannung, der ein einzigartiges Saunaerlebnis bietet.

IMMOBILIE/ORT:
Villa in Abama auf Teneriffa, Spanien

SAUNA-DESIGNER:
Auroom OÜ
Vana-Kastre
EST-62313 Tartumaa

KONTAKT:
Tel. +49 (0)176 24616019
Tel. +372 (0)5453 0349
info@auroomwellness.com
www.auroomwellness.com

WEITERE BETEILIGTE:
Saunamaterial: Thermory, Equitone
Saunatechnik: EOS

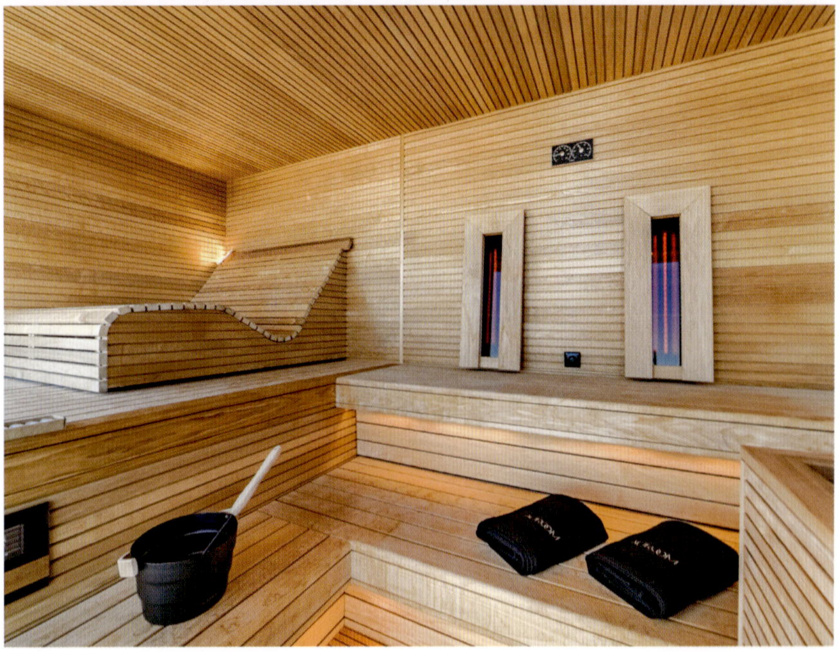

DESIGN-DETAIL:
Durch die Spiegelung der schwarz geköhlten Rückwand wirkt es, als wäre die Glasfront getönt – ist sie aber nicht. Neben der mittig platzierten Eingangstüre wurde der Designsaunaofen in ein halbhohes Holzpodest eingelassen.

WAS DIESES SAUNA-DESIGN BESONDERS MACHT:

In Tõrvandi in Estland wurde die Designsauna „Vulcana" von Auroom als Bestandteil einer Padel-Tennisanlage realisiert und als Mittelpunkt im wohnlich gestalteten Aufenthaltsbereich platziert. Die Sauna ist Teil eines Konzepts, das sportliche Aktivität und Regeneration räumlich miteinander verknüpft und Erholungsphasen direkt an den Trainingsalltag anschließt. Der Innenraum ist mit Thermo-Espe ausgekleidet, deren glatte Oberfläche und gleichmäßige Struktur eine ruhige, warme Grundstimmung erzeugen. Akzentuiert wird die Gestaltung durch eine gezielt eingesetzte Wandverkleidung aus geköhlter Erle, die als dunkler, reliefartiger Kontrast an der Rückwand wirkt und der Sauna zusätzliche Tiefe verleiht. Die Materialkombination ist zurückhaltend komponiert und unterstreicht den maßgeschneiderten Charakter der Sauna, die speziell auf die räumlichen und betrieblichen Anforderungen der Anlage abgestimmt wurde. Eine großflächige Verglasung öffnet den Saunaraum visuell zum Lounge-Bereich hin, während geneigte Rückenlehnen den Sitzkomfort erhöhen. Für das Saunaklima sorgt Technik von HUUM mit einem „Hive"-Ofen, ergänzt durch eine WLAN-basierte Steuerung, die den Betrieb auch aus der Distanz ermöglicht und damit den organisatorischen Aufwand reduziert. Diese „Vulcana"-Sauna zeigt exemplarisch, wie sich Wellnessangebote als fester Bestandteil moderner Sportumgebungen etablieren lassen und dabei funktionale Anforderungen mit einer klaren, zeitgemäßen Gestaltung verbinden.

IMMOBILIE/ORT:
Padel-Tennisanlage in Tõrvandi, Estland

SAUNA-DESIGNER:
Auroom OÜ
Vana-Kastre
EST-62313 Tartumaa

KONTAKT:
Tel. +49 (0)176 24616019
Tel. +372 (0)5453 0349
info@auroomwellness.com
www.auroomwellness.com

WEITERE BETEILIGTE:
HUUM OÜ
Vahi tee 9
EST-60534 Tartu vald

info@huum.eu
www.huum.eu

Fotos: Simm Paap, HUUM

WAS DIESES SAUNA-DESIGN BESONDERS MACHT:

In Tõrvandi in Estland entstand für das Büro des Spielgeräteherstellers Lars Laj eine maßgeschneiderte Sauna, die von Auroom speziell für den Arbeitsalltag konzipiert wurde. Die Sauna ist Teil eines Bürokonzepts, das Erholung und Regeneration bewusst in die tägliche Arbeitsumgebung integriert und steht sowohl den Mitarbeitern als auch Gästen zur Verfügung. Sie wurde in enger Abstimmung mit dem Spielgerätehersteller entworfen und exakt auf die räumlichen und funktionalen Anforderungen des Standorts zugeschnitten. Im Innenraum treffen Sitz- und Liegeflächen aus Thermo-Radiatakiefer, darunter auch eine ergonomisch geformte Liege, auf dunkle Gestaltungselemente, die dem Raum Tiefe und Struktur verleihen. Schwarze dekorative Wandpaneele von DecNord bilden einen prägnanten Kontrast zu den warmen Holzoberflächen, während gebürstete schwarze Wandflächen die reduzierte, zeitgemäße Anmutung unterstreichen. Die Materialkombination erzeugt eine ruhige Atmosphäre, die bewusst auf Zurückhaltung setzt und dennoch eine klare gestalterische Haltung zeigt. Für das Saunaklima kommt Technik – Saunaofen und Steuerung – von HUUM zum Einsatz, die eine zuverlässige und unkomplizierte Nutzung im Büroalltag ermöglicht. Die Sauna steht exemplarisch für eine Entwicklung, bei der Saunakultur zunehmend auch außerhalb klassischer Wohn- oder Wellnessumgebungen Einzug hält und als fester Bestandteil moderner Arbeitswelten verstanden wird.

DESIGN-DETAIL:
Die schwarzen Designpaneele von DecNord bilden mit ihrer Wabenstruktur die dekorative Kulisse dieser eleganten Sauna. Sie harmonieren gut mit dem Thermo-Radiataholz der Innenausstattung und werden von LED-Licht inszeniert.

IMMOBILIE/ORT:
Lars Lay in Tõrvandi, Estland

SAUNA-DESIGNER:
Auroom OÜ
Vana-Kastre
EST-62313 Tartumaa

KONTAKT:
Tel. +49 (0)176 24616019
Tel. +372 (0)5453 0349
info@auroomwellness.com
www.auroomwellness.com

DESIGNPANEELE:
DecNord Group OÜ
Veski 5
EST-75401 Kiili alev

KONTAKT:
Tel. +372 (0)5444 0098
info@decnord.com
www.decnord.com

SAUNATECHNIK:
HUUM OÜ
Vahi tee 9
EST-60534 Tartu vald

KONTAKT:
info@huum.eu
www.huum.eu

Fotos: DEISL Sauna & Wellness | MW-Architekturfotografie

DESIGN-DETAIL:
Als kubischer Wellnessraum fügt sich die Saunalandschaft gekonnt in die moderne Architektur der Villa ein. Außen spiegelt die große Glasfront tagsüber die Umgebung wider und hält Blicke fern, innen lässt sie die Natur ins Saunaerlebnis ‚einfließen'.

WAS DIESES SAUNA-DESIGN BESONDERS MACHT:

Mit dem privaten Wellnessbereich einer modernen Villa in Österreich, der in die offen angelegte Architektur des Anwesens eingebunden ist, entstand ein Rückzugsort, der den Bezug zur umgebenden Landschaft konsequent aufgreift. Der Zugang erfolgt über eine raumhohe, flächenbündig integrierte Tür, die auf der einen Seite mit dunkel gebeiztem Holz getäfelt ist und auf der anderen Seite verfließt, wodurch der Eingang in den Saunabereich nahezu unsichtbar mit den Wandgestaltungen verschmilzt. Im Inneren bilden ein bodenebener Duschbereich mit Regendusche und eine Bio Sauna ein abgestimmtes Funktionsduo. Die Saunakabine öffnet sich mit einer raumhohen Glasfront zur Natur und gibt den Blick in die Weite der Landschaft frei, wodurch Lichtstimmungen und Jahreszeiten zum Bestandteil des Raumerlebnisses werden. Für die Materialität wurden graue Terrazzo-Fliesen im Eingangs- und Duschbereich mit dem dunklen, ruhig gemaserten Akazien- und Espenholz der Sauna kombiniert, was die natürliche Anbindung unterstützt und zugleich eine klare, reduzierte Raumwirkung erzeugt. Die Saunabänke sind schwebend anmutend ausgeführt und betonen mit ihrer geradlinigen Geometrie die ruhige Ordnung des Interieurs. Ein besonderes Detail ist die Einbindung eines Waschtischs, der ebenfalls aus grauen Terrazzo-Fliesen gefertigt wurde und über eine auskragende Verlängerung der Saunabank integriert ist. Diese Fortführung dient zugleich als Ablagefläche für Sauna- und Badutensilien und verbindet die Funktionsbereiche in einem durchgängigen Gestaltungskonzept.

IMMOBILIE/ORT:
Moderne Villa in Österreich

SAUNA-DESIGNER:
DEISL Sauna & Wellness
Selzthaler Str. 41
A-8940 Liezen
Auweg 20
A-6112 Wattens
Schubertring 2
A-1010 Wien

KONTAKT:
Tel. +43 (0)3612 22642
anfrage@deisl.com
www.deisl.com

WEITERE BETEILIGTE:
Architekten: A. Daxböck & Zirup
Saunaofen/Steuerung: EOS

Fotos: DEISL Sauna & Wellness | MW-Architekturfotografie

DESIGN-DETAIL:
In exakter Linienführung präsentiert sich das Interieur, dessen Bankverblendungen ebenfalls in astfreier Eiche ausgeführt wurden und von LED-Licht inszeniert sind. Die getönte Frontverglasung schafft eine aufregende gedämpfte Lichtstimmung.

WAS DIESES SAUNA-DESIGN BESONDERS MACHT:

Im Schlafzimmer eines Wohnhauses in Salzburg wurde eine maßgeschneiderte Sauna unter einer Dachschräge realisiert und von DEISL Sauna & Wellness passgenau in die vorhandene Architektur integriert. Die Kabine nutzt die Schräge als prägendes Gestaltungselement und fügt sich in ihrer Form so in den Raum, dass sie wirkt, als wäre sie von Anfang an mit eingeplant gewesen. Konstruktiv handelt es sich um eine massive Blockbohlenkonstruktion aus Fichtenholz, die im Innenraum mit hellen, astfreien Eichenholzpaneelen versehen wurde. Die ruhige Holzoberfläche unterstützt den reduzierten Charakter der Sauna und sorgt für eine klare, gleichmäßige Raumwirkung. Zur Raumseite hin ist die Kabine mit einer getönten Frontverglasung ausgestattet, die Einblicke zulässt und zugleich eine zurückhaltende Abgrenzung schafft. Direkt angrenzend wurde eine Duschnische aus Mikrozement umgesetzt, wodurch sich ein kompakter Wellnessbereich mit kurzen Wegen ergibt. Für das Saunaklima kommt ein Bio-Saunaofen zum Einsatz, der auch mildere Temperaturbereiche und feuchtere Anwendungen ermöglicht. Bedient wird die Anlage über die Saunasteuerung „FCU 5000 Design Touch" von Fasel. Das Endergebnis ist eine in Form und Materialität klar ausgearbeitete Hightech-Sauna, die die Dachschräge nicht kaschiert, sondern als gestalterischen Bestandteil nutzt.

IMMOBILIE/ORT:
Wohnhaus in Salzburg

SAUNA-DESIGNER:
DEISL Sauna & Wellness
Selzthaler Str. 41
A-8940 Liezen
Auweg 20
A-6112 Wattens
Schubertring 2
A-1010 Wien

KONTAKT:
Tel. +43 (0)3612 22642
anfrage@deisl.com
www.deisl.com

WEITERE BETEILIGTE:
Saunasteuerung:
Fasel GmbH Elektronik
Am Galgenacker 3
79232 March-Buchheim

Tel. +49 (0)7665 92410
info@fasel-gmbh.de
sauna.fasel-gmbh.de

IMMOBILIE/ORT:
Holzhaus in Ožkiniai, Litauen

SAUNA-DESIGNER:
Devyni Architektai
www.devyniarchitektai.lt

DESIGN-DETAIL:
Nach oben ist in dieser Sauna viel Luft, da sie wie das gesamte Holzhaus über einen offenen Dachraum verfügt. Von oben sind die beiden Holzliegen auf zwei Höhenniveaus zu sehen, gegenüber ‚entwächst' eine Steinliege dem Ofen.

WAS DIESES SAUNA-DESIGN BESONDERS MACHT:

In einem Holzhaus in Ožkiniai in Litauen befindet sich diese exklusive Sauna mit direktem Seeblick. Und zwar in einem ganz eigenen Holzhaus. Auf dem Anwesen befinden sich nämlich mehrere Gebäude, die sich locker über das Grundstück verteilen und über geschwungene Wege miteinander verbunden sind. Neben dem Hauptwohnhaus, dem Domizil der Großeltern und weiteren Nebengebäuden nimmt die Sauna die dem Wasser nächstgelegene Position ein und wird so zu einem besonders geschützten Rückzugsort. Der vorgelagerte Vorraum und das daran angrenzende Badezimmer erweitern die Nutzung komfortabel und unterstreichen den eigenständigen Charakter des Bauwerks. Der Blick auf den See ist zentrales Gestaltungselement und wird durch ein nahezu raumhohes Fenster eingefangen, ergänzt durch ein zusätzliches Giebelfenster, das durch den offenen Dachraum möglich wurde. Die Sauna ist fast vollständig mit Holz ausgekleidet, dessen horizontal verlegte Bretter nahtlos vom Innenraum nach außen geführt werden und dort einen Terrassenbereich überdachen. Auch Bänke und Rückenlehnen sind aus denselben Hölzern in identischem Format gefertigt, was eine ruhige, homogene Atmosphäre schafft. Einen bewussten Kontrast setzt eine Ecke aus hellgrauen Natursteinplatten, die den Hintergrund für den kubischen Holzofen mit heller Kachelverkleidung bildet. Der Ofen wird von außen befeuert und erwärmt zugleich eine angrenzende Steinliege, sodass sich die Wärme gleichmäßig im Raum entfaltet. Die Sauna fügt sich dank der verwendeten Naturmaterialien wie selbstverständlich in die idyllische Umgebung ein und wurde zum Ort der tiefgehenden Entspannung.

GEORG KAMMERLOCHNER WELLNESSDESIGN | PULLACH

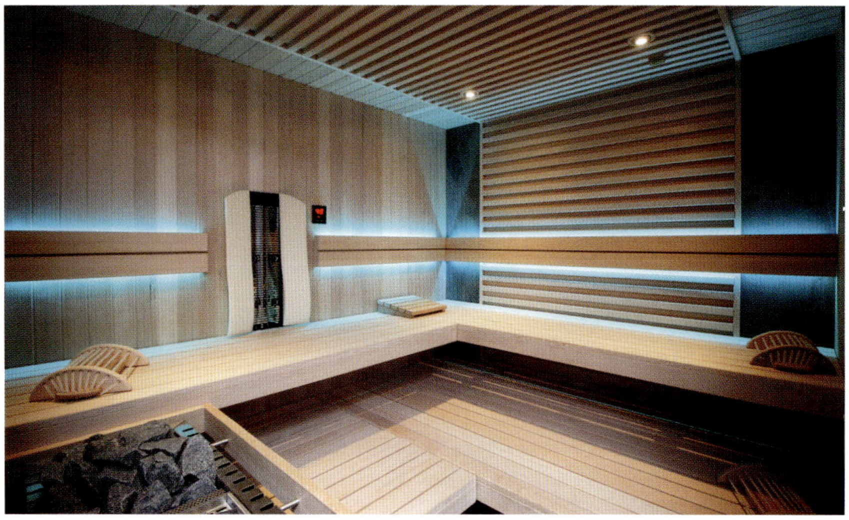

WAS DIESES SAUNA-DESIGN BESONDERS MACHT:

Für ein Wohnhaus in Pullach fertigte Georg Kammerlochner WellnessDesign eine Designsauna an, die nicht nur topmodern, sondern regelrecht futuristisch wirkt – und zudem mit entsprechender State-of-the-Art-Technik ausgestattet ist. Die Ausgangslage war der Wunsch, dass die Sauna zum modernen Wohn- und Einrichtungsstil der Hausherren passt und dabei gleichzeitig nach Fengshui-Gesichtspunkten gestaltet wird. Deshalb bekam sie etwa eine abgeschrägte Ecke, die hauptsächlich aus der Glaseingangstüre besteht, damit keine Kante in den Raum hinein zeigt. Klare Kante beweisen hingegen die bronzierten Glasscheiben, die sich nach unten verjüngen und definitiv das stilgebende Element der Sauna darstellen. Sie werden außen von dekorativen Nußbaumpaneelen eingefasst. Im Interieur stellt Hemlockholz mit Softline-Rundung den dezenten Hintergrund für eine besondere Inszenierung, die bei der aufregenden Rückwand mit waagerecht verlegten Hemlockleisten beginnt. Sie setzen sich nahtlos an der Saunadecke fort und integrieren dort eine Spotbeleuchtung. Die Rückwandecken sind mit dunklem Naturstein verkleidet, der einen starken Kontrast zum hellen Holz bildet. Die L-förmig angeordneten Liegen aus Espenholz sind nicht verblendet – so scheinen sie im Raum zu schweben und bieten eine optische Tiefenwirkung. Für eine Wärmetiefenwirkung sorgt ein zentral platzierter Infrarotwärmestrahler, während ein Saunaofen von Lang mit Verdampfer und Festwasseranschluss das Saunaklima generiert. Dank der modernen Saunasteuerung können nicht nur Klima, Beleuchtung, Effektfarblicht und musikalische Untermalung gesteuert werden, damit ließ sich die Sauna zudem an die KNX-Haussteuerung anbinden.

DESIGN-DETAIL:

Wie aus einem Guss wirkt die extravagante Frontverglasung der exklusiven Sauna. Im abgeschrägten Eck der rahmenlosen und getönten Glasfront befindet sich die Saunatüre, die die volle Höhe ausnutzt.

IMMOBILIE/ORT:

Privathaus in Pullach

SAUNA-DESIGNER:

Georg Kammerlochner WellnessDesign
Andechser Weg 1c
82343 Pöcking

KONTAKT:

Tel. +49 (0)160 94763697
mail@kammerlochner.de
www.luxus-design-saunabau.de

WEITERE BETEILIGTE:

Saunasteuerung: EOS
Saunaofen: Lang
Infrarotstrahler: Physiotherm
Kopfstützen: Rilassy

Fotos: Gruber Sauna RM Wellness GmbH

DESIGN-DETAIL: Direkt neben der Sauna verschafft eine offen gestaltete Duschanlage eine bequeme Abkühlung zwischen den einzelnen Saunaphasen. Die Sauna setzt mit ihrem schwarzen Eck einen markanten Kontrapunkt zum hellen Plattenbelag.

WAS DIESES SAUNA-DESIGN BESONDERS MACHT:

Eine Villa in Wien stattete Gruber Sauna mit dieser ästhetischen All-In-One-Kabine aus. Die lässt keine Saunawünsche offen – sie bietet das klassische Finnische Saunaklima ebenso wie das gemäßigte der Biosauna samt Kräuterdampf und sorgt zudem dank integrierter Infrarotstrahler für Wärme mit Tiefenwirkung ohne lange Aufheizzeiten. Ihre gewünschte Anwendung genießen die Hausherren in einem luxuriösen, modernen Ambiente, für das handverlesenes Holz von den Tischlern des Saunaspezialisten präzise verarbeitet wurde. Sitz- und Liegeflächen auf zwei Höhenniveaus und ihre bequemen Rückenlehnen werden von indirekter Beleuchtung auf vier Ebenen gekonnt inszeniert, die Lichtfarbe unterstreicht die warmen Holztöne des Interieurs. Dank Maßfertigung wurde die Sauna exakt den Gegebenheiten vor Ort angepasst, inklusive eines dekorativen Kniffs – sie ragt über die Trennwand der angrenzenden offenen Dusche hinaus. Das hatte den Vorteil, dass die an den Rändern der Saunafront schwarz hinterlegte Verglasung – das gibt der Sauna einen eleganten Rahmen – um die Ecke fortgeführt werden konnte und so auch hier eine markante Note im ansonsten hellen Raum setzt. Die Saunatüre befindet sich mittig in der transparenten Frontverglasung, die das edle Saunainterieur voll zur Geltung kommen lässt. Von innen kann der Blick während des Saunierens dank einer angrenzenden raumhohen Panoramaverglasung in den Garten der Villa schweifen.

IMMOBILIE/ORT:
Villa in Wien

SAUNA-DESIGNER:
Gruber Sauna RM Wellness GmbH
Linzer Straße 51
A-3002 Purkersdorf

KONTAKT:
Tel. +43 (0)2231 63494
office@gruber-sauna.at
www.gruber-sauna.at

WEITERE BETEILIGTE:
Saunasteuerung:
Fasel GmbH Elektronik
Am Galgenacker 3
79232 March-Buchheim

Tel. +49 (0)7665 92410
info@fasel-gmbh.de
sauna.fasel-gmbh.de

DESIGN-DETAIL:
Eine Säule markiert den Übergang zwischen Pool- und Relaxbereich. Sie sorgt für eine Raumstrukturierung, ohne die Blicklinien dabei vollständig einzuschränken. So bleibt beim Schwimmen die Sauna im Blick, beim Saunieren der Pool.

WAS DIESES SAUNA-DESIGN BESONDERS MACHT:

In Nordrhein-Westfalen entstand auf dem Grundstück eines weitläufigen Anwesens eine eigenständige Wellnesshalle, die separat vom Hauptgebäude im Garten platziert wurde. Die elegant gestaltete Sauna liegt im hinteren Bereich und grenzt direkt an ein Lounge-Areal, dessen Rückwand mit dekorativen Holzriemchen verkleidet ist. In dieses Element ist auch die Saunasteuerung integriert, gut erreichbar in Bedienhöhe. Die Holzgestaltung setzt sich in der Saunakabine fort, die leicht in eine Wandnische zurückversetzt ist und deren Decke ebenfalls mit Holz verkleidet wurde. Die übrigen drei Wände sind vollständig verglast, wodurch die Kabine offen wirkt und klare Blickbeziehungen in den Raum zulässt. Im Inneren heben sich die Saunabänke aus hellem Holz deutlich von der dunkleren, rustikal wirkenden Wandgestaltung ab. Auch gibt die Panoramaverglasung den Blick auf das funkelnde „MLine"-Schwimmbecken von RivieraPool frei, eine Wirkung, die dem Besatz mit Ezarri-Glasmosaik mit der Bezeichnung „Ebano" aus der Kollektion „Iridescent" zu verdanken ist. Das wird zudem von den zwölf Unterwasserscheinwerfern in Szene gesetzt, die neben einer sechsstufigen Treppenanlage und einer Gegenstromanlage zur exklusiven Ausstattung des knapp elf Meter langen Beckens zählen. An Platz zum sanften Abkühlen zwischen den Saunagängen mangelt es also nicht – und wer es kälter mag, kann zum Kneipp-Schlauch greifen.

IMMOBILIE/ORT:
Anwesen in Nordrhein-Westfalen

SAUNA-DESIGNER:
Hausmeier GmbH & Co. KG
Hafenstraße 69-75
48432 Rheine

KONTAKT:
Tel. +49 (0)5971 15844
info@hausmeier.de
www.hausmeier.de

POOL-HERSTELLER:
RivieraPool Fertigschwimmbad GmbH
Klöcknerstraße 2
49744 Geeste

KONTAKT:
Tel. +49 (0)5397 660
info@pools.de
www.pools.de

DESIGN-DETAIL:
Sanfte Blautöne, zertifizierte Wandoberflächen und gepolsterte Rücken- und Kopfstützen prägen das Interieur der „Superior Home Spa". Die stoffbespannte Sauna wirkt als ruhiges Möbelobjekt und fügt sich in das Luxury-Home-Spa-Konzept von Starline ein.

WAS DIESES SAUNA-DESIGN BESONDERS MACHT:

Im Showroom des Premiumpool-Herstellers Starline in Valkenswaard in den Niederlanden wurde die Sauna „Superior Home Spa" von InnoZen als Bestandteil eines ganzheitlichen Luxury-Home-Spakonzepts inszeniert. Direkt neben dem Indoorpool platziert und von Loungemöbeln der Marke IKONO begleitet ist die Kabine als gestalterisches Element in eine ruhige Wellnesslandschaft eingebunden. Die großzügig dimensionierte Sauna bietet Platz für bis zu sechs Personen und ist mit zwei komfortablen Liegeflächen ausgestattet. Im Interieur bestimmen sanfte Blautöne die Atmosphäre und unterstützen die meditative Wirkung des Raums. Die Wandflächen sind mit Funktionsstoffen ausgekleidet, die auf Hygiene und Langlebigkeit ausgelegt sind und zugleich als prägendes Gestaltungsmittel wirken. Sitz- und Liegeflächen aus hellem Erlenholz setzen dazu einen warmen Kontrast und bringen eine natürliche Materialnote in das reduzierte Interieur. Als Saunaherzstück ist der Designofen „Mythos" von EOS mit Verdampfer integriert, der sich mit klarer Formgebung in die Gestaltung einfügt und zugleich als skulpturaler Blickpunkt wirkt. An den Außenseiten der Sauna lässt ein hochwertiger Samtstoff in einem zurückhaltenden Blauton die Kabine eher wie ein Möbelobjekt als ein rein funktionales Wellnessprodukt erscheinen. In dieser Inszenierung ist die Sauna integraler Bestandteil eines luxuriösen Wohn- und Spakonzepts, das Entschleunigung, Design und Wohlbefinden auf höchstem Niveau vereint.

IMMOBILIE/ORT:
Starline-Showroom in Valkenswaard, Niederlande

SAUNA-DESIGNER:
InnoZen GmbH
Otto-Hahn-Straße 11
33104 Paderborn

KONTAKT:
Tel. +49 (0)172 3599605
info@innozen.eu
www.innozen.eu

WEITERE BETEILIGTE:
Saunaofen: EOS
Loungemöbel: IKONO
Pool: Starline

WAS DIESES SAUNA-DESIGN BESONDERS MACHT:

In Kitakaruizawa in Japan steht bei diesem privaten Wohnkonzept die Verbindung zur umgebenden Natur im Mittelpunkt. Eingebettet in eine dicht bewaldete Landschaft fügt sich das Gebäude unaufdringlich in seine Umgebung ein und entwickelt sich auf einer Ebene aus drei Ausläufern, die sich um einen runden zentralen Bereich gruppieren. Einer dieser Gebäudeflügel nimmt den Wellnessbereich mit der Sauna auf. Sie liegt in einem Raum, der sich zur Fensterfront hin leicht anhebt und so den Blick in den Wald bewusst inszeniert. Die raumhohe Verglasung sorgt für maximale Transparenz und lässt die Grenzen zwischen Innenraum und Natur nahezu verschwimmen. Das Interieur der Sauna greift die organischen Formen der hügeligen Waldlandschaft vor ihr auf und übersetzt sie in ein fließendes Raumgefüge. Längsseitig verlegte Holzbretter formen eine durchgängige Einheit, die Wände, Sitz- und Liegeflächen sowie den Boden vereint und dem Raum eine ruhige, skulpturale Wirkung verleiht. Aus der Bodenfläche wächst der Designsaunaofen empor, der als zentrales Element den Raum prägt und zugleich als visueller Fokus dient. Die Sauna wird so nicht als separater Funktionsraum verstanden, sondern als integraler Bestandteil des architektonischen Gesamtkonzepts, das Ruhe, Achtsamkeit und den bewussten Dialog mit der Natur in den Vordergrund stellt.

DESIGN-DETAIL:

Direkt neben der Sauna erschließt sich eine offene Terrassenfläche, die zum Relaxen während der Saunaruhephasen dient. Sie bietet auch Zugang zu einem nur teilweise umschlossenen Pool, der an die heißen Onsen-Quellen erinnert.

IMMOBILIE/ORT:
Wochenendhaus in Kitakaruizawa, Japan

SAUNA-DESIGNER:
inspatia
www.inspatia.in

DESIGN-DETAIL:
Der Saunaofen wurde zentral in der Kabine platziert und bekam einen dekorativen rechteckigen Ofenschutz. Im gleichen Design erheben sich zu seinen Seiten zwei Sitzplätze mit Rückenlehnen. Dahinter verläuft eine hohe Liegebank.

WAS DIESES SAUNA-DESIGN BESONDERS MACHT:

Im exklusiven, vom Jouin Manku Studio gestalteten Health Club der Mayfair Park Residences in London befindet sich dieses Saunadoppel, das vom italienischen Hersteller Effe maßgeschneidert wurde. Es ist nun Teil eines rund 1.000 Quadratmeter umfassenden Wellnessbereichs. Der Health Club befindet sich in einem aufwendig erneuerten historischen Gebäude mit Blick auf den Hyde Park und verbindet georgianische Elemente mit einer zeitgenössischen, organischen Innenarchitektur. Für dessen klassische Finnische Sauna entwickelte der Saunahersteller eine individuell angepasste Variante seiner „Body Love S"-Sauna, exakt zugeschnitten auf die hohen funktionalen und gestalterischen Anforderungen der Anlage. Die Konstruktion besteht aus einem filigranen Aluminiumrahmenwerk mit großflächigen Einsätzen aus gehärtetem Glas, wodurch Transparenz und Leichtigkeit entstehen. Im Inneren treffen keramische Oberflächen aus Feinsteinzeug auf wärmebehandeltes Holz, was der Sauna eine elegante, ruhige Anmutung verleiht und sie harmonisch in das luxuriöse Raumkonzept des Health Clubs einbindet. Auch für die angepasste Variante eines „Body Love H"-Dampfbades kamen die schmalen Aluminiumrahmen sowie große Glasflächen zum Einsatz, was für einen einheitlichen Look der beiden gegenüberliegenden Kabinen sorgt. Nur wurde im Dampfbad auch die Decke mit Feinsteinzeug verkleidet, die Bänke sind aus Corian gefertigt. Die Materialwahl beider Kabinen unterstützt nicht nur die ästhetische Wirkung, sondern auch Hygiene, Langlebigkeit und intensive Nutzung. Die Saunen sind zwar Teil des umfassenden Wellnessangebots mit Schwimmbecken, Whirlpool und Fitnessbereichen, bleiben jedoch als eigenständige Rückzugsorte klar erkennbar.

IMMOBILIE/ORT:
Wellnessclub in London, England

SAUNA-DESIGNER:
Jouin Manku Studio
www.jouinmanku.com

STEAM ROOM

DESIGN-DETAIL:
Eine schmale Trennwand steht zwischen den Kabinen leicht hervor – das separiert die beiden unterschiedlichen Innengestaltungen etwas voneinander und bot einen Paradeplatz für die Touchscreen-Saunasteuerung mit Farbdisplay.

WAS DIESES SAUNA-DESIGN BESONDERS MACHT:

In der oberen Etage ihres Domizils in Hohenbrunn ließen sich die Hausherren von der Klaus Schlenker GmbH ein entspannendes Sauna-Doppel einbauen. Die Kabinen stehen Seite an Seite und haben durchaus identische Elemente, die für eine einheitliche Optik sorgen – etwa die Ganzglasfronten mit eleganten schwarzen Rahmen oder die dezenten, farblich abgesetzten Deckenanschlüsse. Doch ihr Interieur könnte kaum gegensätzlicher sein. Hinter der rechten rahmenlosen Glasfront aus grau getöntem, gehärtetem Sicherheitsglas erschließt sich die maßgefertigte Sauna, die mit Profilhölzern aus Erle in senkrechter Ausführung verkleidet ist. Auch die vier breit ausgeführten, abgerundeten Saunabänke sind aus Erlenholz gefertigt, ebenso wie die beiden Zwischenbankverkleidungen und zwei Rückenlehnen. Letztere sind mit einer LED-RGB-Beleuchtung ausgestattet, die den Innenraum per Fernbedienung in den gewünschten Farbton hüllt. In das Lichtszenario stimmt der Designsaunaofen „Crown Elite" von Tylö ein, der das Pixeldesign seiner Verkleidung mit einer integrierten Beleuchtung effektvoll inszeniert. Zudem weist das Hightech-Gerät Luftkammern zur Beschleunigung der Luft- und Wärmeverteilung auf. Durch ein schmales, raumhohes Fenster bleibt der Blick auf die angrenzende Dachterrasse, die auch zum Abkühlen bereitsteht, frei. In der Dampfdusche zeigt sich hingegen ein starker Schwarz-Weiß-Kontrast mit marmorierten Wandverkleidungen. Der Dampf wird von der Dampfduschsäule „Stella" verströmt, die sich in mattem Schwarz von dem weißen Hintergrund abhebt. Auch die indirekte Beleuchtung ist in dem Paneel integriert. Sie wird von „Polaris"-Lichtpunkten in der Decke unterstützt, in der zudem eine mattschwarze Regendusche Platz fand.

IMMOBILIE/ORT:
Haus in Hohenbrunn

SAUNA-DESIGNER:
Klaus Schlenker GmbH
Gottlieb-Daimler-Str. 30–34
28816 Stuhr

KONTAKT:
Tel. +49 (0)421 877610
info@schlenker-gmbh.de
www.schlenker-gmbh.com

WEITERE BETEILIGTE:
Sauna-/Dampfbadausstattung: Tylö

WAS DIESES SAUNA-DESIGN BESONDERS MACHT:

Auf einem Grundstück am Nordufer des Bodensees wurde ein Bootshaus neu errichtet. Einen Teil davon bildet eine „LINEUS"-Manufaktursauna von KOERNER, die maßgeschneidert geplant, gefertigt und schließlich vor Ort in das Bauprojekt eingepasst wurde. Eine schöne Aufgabe, da im Zuge des Neubaus eine Vorfertigung der Rahmenkonstruktion in der Werkstatt des Unternehmens möglich war. Es handelt sich um eine Saunakabine mit ausdrucksstarker Schräge, auf der schließlich das Dach des neuen Bootshauses nahtlos fortgeführt wurde. Der Innenausbau erfolgte mit horizontal verlegten hellen Holzlatten aus Weißtanne, die dem Raum dank regelmäßiger Abstände eine schöne Struktur verleihen. Auch die formal reduzierten Sitz- und Liegebänke in kubischem Design wurden damit versehen, was eine einheitliche Optik bewirkt. Sie sind im Gegensatz zur Wandverkleidung allerdings hinterleuchtet, was ein stimmungsvolles Flair verströmt. Gemeinsam mit einer ebenso indirekt abstrahlenden Wandleuchte ist die Bankbeleuchtung Teil eines RGBW-Lichtkonzepts, das dementsprechend auch Farblicht nach Wunsch liefern kann. Gesteuert wird die Beleuchtung ebenso wie der Saunaofen, der neben der klassischen Finnischen Sauna auch eine zusätzliche Soft-Dampffunktion bietet, über eine elegante Touchscreensteuerung von Fasel. Der Ofen bietet sogar noch eine weitere Besonderheit – beim Finnischen Saunabetrieb ist es durch eine spezielle „Push"-Funktion möglich, die Aufgusssteine auf maximale Temperatur zu bringen, um dadurch den Aufguss zu optimieren.

DESIGN-DETAIL:
Hübsch dezent im Stile des Saunainterieurs gerahmt zeigt sich das Panoramafenster zum Bodensee, das gegenüber der Saunabänke in den Fokus der Saunierenden gesetzt wurde. Die ‚Fensterbank' bietet zudem einen weiteren Liegeplatz.

IMMOBILIE/ORT:
Bootshaus am Bodensee

SAUNA-DESIGNER:
KOERNER Saunabau GmbH
Ebingertalstr. 54
72459 Albstadt

KONTAKT:
Tel. +49 (0)7431 9714864
info@sauna-koerner.de
www.sauna-koerner.de

WEITERE BETEILIGTE:
Saunasteuerung:
Fasel GmbH Elektronik
Am Galgenacker 3
79232 March-Buchheim

Tel. +49 (0)7665 92410
info@fasel-gmbh.de
sauna.fasel-gmbh.de

Architekten: bächlemeid architekten stadtplaner bda

WAS DIESES SAUNA-DESIGN BESONDERS MACHT:

In einem modernen Einfamilienhaus nahe Zürich entstand auf 42 Quadratmetern ein privates Wellnessrefugium, das Küng Wellness als ganzheitlichen Rückzugsort mit Sauna, Dampfbad und Whirlwanne realisierte. Das Raumkonzept verbindet reduzierte Gestaltung mit wohnlichen Elementen wie Raumtrennern, Tagesbett und Teeküche. Grundlage der Planung war ein Moodboard, das Farben und Materialien definierte und eine Palette aus hellen bis grauen Oberflächen mit Akzenten aus Thermo-Espe festlegte. Dieses Holz prägt die Biosauna ebenso wie die lamellierten Trennwände, die mit Licht und Einblicken arbeiten und einzelne Ruhezonen im Raum strukturieren. Die Biosauna misst 247 x 237 Zentimeter, bietet Platz für bis zu vier Personen und ist mit gefederten Liegen ausgestattet. Als verbindendes Gestaltungselement zieht sich der polierte Naturstein Black Fusion durch die gesamte Anlage und bildet sogar in Form einer hinterleuchteten Bergkette ein markantes architektonisches Detail. Das kompakte Dampfbad ergänzt das Angebot, wobei die technische Ausstattung in einem Schrank untergebracht ist, der trotz begrenzter Fläche alle notwendigen Komponenten aufnimmt. Ein zentrales Element der Inszenierung ist (Farb-)Licht, das unterschiedliche Stimmungen ermöglicht und sowohl über die Anlagendisplays als auch über die Haussteuerung bedient werden kann.

DESIGN-DETAIL:
Der polierte Naturstein Black Fusion umfließt nicht nur die rahmenlose Verglasung der Sauna, sondern zieht sich als wiederkehrendes Element durch den gesamten Wellnessraum. Hinter der Whirlwanne formt er eine Bergsilhouette.

IMMOBILIE/ORT:
Privates Wohnhaus bei Zürich

SAUNA-DESIGNER:
Küng Wellness AG
Talstr. 26b
CH-8852 Altendorf

KONTAKT:
Tel. +41 (0)44 7806755
wellness@kueng.swiss
www.kueng.swiss

WEITERE BETEILIGTE:
Natursteinarbeiten:
Lorenzi AG
www.lorenzi.ch

← FINNISH SAUNA
INFRARED SAUNA →

DESIGN-DETAIL:
Gemäß des Gestaltungskonzepts der Klinik sollte der Naturstein Travertin auch im Saunabereich allgegenwärtig sein. So ziert er die Rückwand von Sauna und Infrarotwärmekabine – die vertikalen Holzstäbe bilden die verbindenden Elemente.

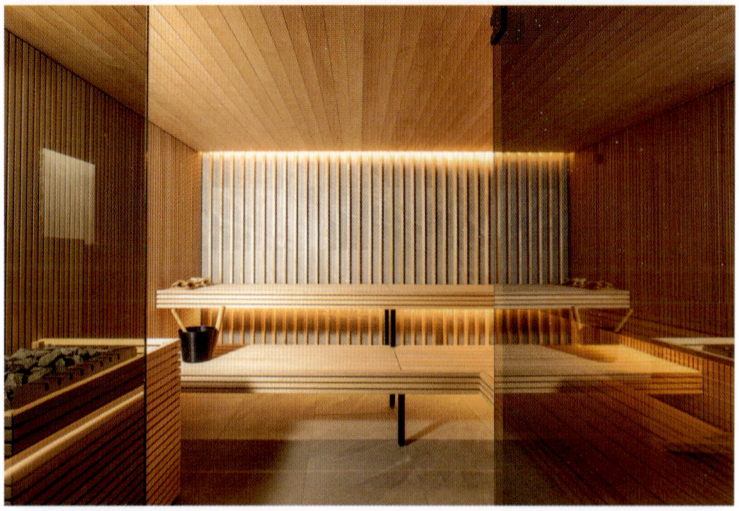

WAS DIESES SAUNA-DESIGN BESONDERS MACHT:

In Zürich wurde mit Ayun eine Longevity-Klinik eröffnet, in der Diagnostik, Treatments und Wellnessrituale in einem denkmalgeschützten Gebäude zusammengeführt werden. Das Interieur wurde von Dyer-Smith entworfen und setzt auf natürliche Materialien sowie eine ruhige Farbwelt, die sich auch im Untergeschoss fortsetzt, wo Finnische Sauna und Infrarotwärmekabine als abgestimmtes Duo angeordnet sind. Beide Kabinen, realisiert von Küng Wellness, sind mit raumhohen Fronten aus Grauglas ausgestattet und wirken dadurch zurückhaltend und geschlossen, ohne auf Transparenz zu verzichten. Im Innenraum prägt Erlenholz im patentierten Stabdesign die Wandflächen und bildet eine strukturierte, gleichmäßige Oberfläche. Breite Liegeflächen unterstützen die Nutzung als ruhiger Regenerationsbereich. Travertin, der als wiederkehrendes Material durch die Klinik geführt wird, findet sich auch in diesem Bereich an der Rückwand wieder und setzt einen mineralischen Kontrast zum Holz. Vertikale Holzstäbe vor der Steinwand greifen das Stabmotiv auf und schaffen zusätzliche Tiefe. Ein Beleuchtungskonzept mit indirektem Licht ergänzt die Materialkombination und unterstreicht die meditative Atmosphäre. Sauna und angrenzende Infrarotwärmekabine sind damit nicht als isolierte Einzelräume gedacht, sondern als Teil eines ganzheitlichen Gestaltungskonzepts, das Wellness in eine klar strukturierte, urbane Architektur integriert.

IMMOBILIE/ORT:
Longevity-Klinik Ayun, Zürich

SAUNA-DESIGNER:
Küng Wellness AG
Talstr. 26b
CH-8852 Altendorf

KONTAKT:
Tel. +41 (0)44 7806755
wellness@kueng.swiss
www.kueng.swiss

WEITERE BETEILIGTE:
Innenarchitektur:
Dyer-Smith AG
www.dyer-smith.ch

DESIGN-DETAIL:
Das dunkle, warmtönige Thermoespenholz der Sauna umfließt exakt die historische Formgebung des Kellergewölbes. Besonders anspruchsvoll war dies, da es sich um ein Kreuzgewölbe, also mit Bögen in zwei Richtungen, handelt.

WAS DIESES SAUNA-DESIGN BESONDERS MACHT:

In einem Wohnhaus in Zürich ist ein ganz besonderer Wellnessraum entstanden – er befindet sich in den historischen Gewölben eines ehemaligen Weinkellers. Küng Wellness sorgte dafür, dass er die bestehende Architektur nicht nur respektiert, sondern regelrecht zelebriert. Die Sauna wurde millimetergenau an die Wölbungen des Kellers angepasst. Die sanften Rundungen der Bogenelemente greifen die ursprüngliche Form des Raumes auf und übersetzen sie in eine zeitlose, ruhige Designsprache. Zentrales Gestaltungselement ist das dunkel ausgeführte Thermoespenholz. Es folgt den Kurven des Gewölbes wie selbstverständlich, bringt Tiefe in den Raum und erzeugt eine warme, erdige Atmosphäre. Die feine Maserung des Holzes, kombiniert mit indirektem Licht, verstärkt die Sinnlichkeit des Ortes und lässt die Sauna wie aus dem Keller herausgewachsen wirken. Gefederte Liegen sorgen für spürbaren Komfort und laden zum bewussten Entspannen ein. Der Bio-Sauna-Kombiofen ermöglicht sowohl sanfte Wärme als auch klassische Saunaerlebnisse – flexibel, individuell und auf unterschiedliche Bedürfnisse abgestimmt. Auf diese Weise entstand ein Rückzugsort, der Geschichte und Handwerk, Materialität und Technik vereint – ein Ort zum Durchatmen.

IMMOBILIE/ORT:
Wohnhaus in Zürich

SAUNA-DESIGNER:
Küng Wellness AG
Talstr. 26b
CH-8852 Altendorf

KONTAKT:
Tel. +41 (0)44 7806755
wellness@kueng.swiss
www.kueng.swiss

kúng

WAS DIESES SAUNA-DESIGN BESONDERS MACHT:

In einem Familiendomizil in Québec City wurde im Souterrain eine kompakte Saunalandschaft realisiert, die sich zum Garten hin orientiert und ganzjährig nutzen lässt. Die klassische Finnische Sauna ist Teil eines diskret platzierten Wellnessbereichs, der in einem gartenseitigen Appendix unterhalb des Fitnessraums liegt. Durch die diskrete Lage konnte die Saunakabine mit einer raumhohen Panoramaverglasung ausgestattet werden, wodurch das Grün des Gartens unmittelbar in das Saunieren einbezogen wird. Seitlich ermöglicht eine Glastür den Zugang und gibt zugleich den Blick auf den runden Saunaofen aus Edelstahl frei, dessen Höhe viel Platz für Saunasteine bietet. Das Interieur der Sauna ist hell und modern gestaltet: Astlose Holzlatten sind in präzisen Abständen verlegt und werden von feinen Schattenfugen gegliedert. Während die Stirnseite mit breiteren Latten eine ruhige Fläche bildet, sind Seitenwand und abgehängte Decke mit schmaleren Lamellen ausgeführt und erzeugen eine differenzierte Raumwirkung. Die Liegebänke sind auf zwei Ebenen angeordnet und greifen das Lattenmaß der Wandverkleidung auf, sodass sie optisch mit ihr verschmelzen. Eine indirekte Beleuchtung in warmem Farbton ergänzt die klare Materialität und rundet den Saunaraum atmosphärisch ab.

DESIGN-DETAIL:

Der Saunaraum ist höher, als es durch die abgehängte Decke den Anschein macht. Die sorgt für eine optische Anpassung. Im hinteren Bereich endet sie vorzeitig und bot einer indirekten Beleuchtung Platz.

IMMOBILIE/ORT:

Familiendomizil in Québec City, Kanada

SAUNA-DESIGNER:

LemayMichaud
www.lemaymichaud.com

DESIGN-DETAIL:
Einheitliches Holz ziert den Saunaraum und sorgt so für eine durchgängige Optik. Den Pepp bringt die Formensprache der Sitz- und Liegeflächen ins Spiel – sie ist von Schrägen dominiert. Die obere Bankreihe integriert zudem den Saunaofen.

WAS DIESES SAUNA-DESIGN BESONDERS MACHT:

Im mexikanischen Valle de Bravo, geprägt von dichten Kiefern- und Eichenwäldern sowie steilen Hanglagen, wurde diese Sauna im Untergeschoss einer großzügigen Villa realisiert und nahezu vollständig in die Natur eingebettet. Trotz eines großen, raumhohen Fensters bleibt sie von außen fast unsichtbar, da sie vom gewachsenen Waldbestand gekonnt abgeschirmt wird. Erst bei Dunkelheit zeichnen die Leuchten der angrenzenden Terrasse sanfte Konturen nach und setzen einen mächtigen, dekorativ vor dem Fenster platzierten Wurzelstock von der Seite her in Szene. Die Sauna selbst nimmt ein ganzes Zimmer ein und ist vollständig mit hellem Holz ausgekleidet, das dem Raum eine ruhige, warme Atmosphäre verleiht. Anstelle klassisch gerader Bänke wurde das Saunamobiliar als facettenreiches Ensemble aus abgeschrägten Sitz- und Liegeflächen gestaltet, deren Stirnseiten komplett geschlossen ausgeführt sind. Diese Anordnung verleiht dem Raum eine besondere Dynamik und hebt ihn von konventionellen Saunainterieuren ab. Entlang der wandseitigen Konturen unterstreicht eine indirekte LED-Beleuchtung die Geometrie der Bänke: Das Licht tritt aus einem schmalen, durchgehenden Spalt hervor und strahlt sanft nach oben, wodurch insgesamt ein gediegenes Ambiente entsteht. Diese Sauna verbindet Rückzug, Naturbezug und eine präzise ausgearbeitete Innenarchitektur zu einem stimmigen Ort der Entspannung.

Fotos: Héctor Velazco Facio/José Margaleff

IMMOBILIE/ORT:
Villa in Valle de Bravo, Mexiko

SAUNA-DESIGNER:
Luciano Gerbilsky Arquitectos
www.gerbilsky.com

IMMOBILIE/ORT:
Haus am See in Ogden, Kanada

SAUNA-DESIGNER:
MU Architecture
www.architecture-mu.com

Fotos: Stephane Groleau

WAS DIESES SAUNA-DESIGN BESONDERS MACHT:

In den weiten Wäldern der kanadischen Eastern Townships liegt dieses Wohnhaus hoch über dem steilen Ostufer des Lake Memphremagog und öffnet sich zu einer stillen, abgeschiedenen Bucht. Das langgestreckte Gebäude folgt parallel der Uferlinie und nutzt seine erhöhte Lage konsequent für Ausblicke in die Landschaft. Einen besonderen Platz erhielt dabei die Sauna, die in einem schwarzen, leicht auskragenden Kubus im Obergeschoss hervorsticht und sich bewusst dem See zuneigt. Ein großformatiges Panoramafenster rahmt den Blick auf das Wasser und macht die umliegende Natur zum festen Bestandteil des Saunierens. Der Innenraum wurde präzise in den schmalen Grundriss eingepasst und bewusst puristisch gestaltet. Einheitliches Holz prägt Wände, Decke und Mobiliar, wobei Bretter gleicher Holzart in unterschiedlichen Farbnuancen kombiniert wurden. Durch eine sorgfältige Anordnung entstand kein gleichmäßiger Verlauf, sondern ein lebendiges Muster mit subtiler Kontrastwirkung, das an Schichtnougat erinnert. Die rahmenlose Glastür mit sehr zurückhaltenden Beschlägen fügt sich unaufdringlich in das reduzierte Gesamtbild ein. Der Saunaofen ist in einer Ecke positioniert und vollständig von Holz eingefasst, wodurch er ruhig in die Architektur integriert wird.

DESIGN-DETAIL:
Nahezu im Zentrum des geräumigen Wohnhauses wurde die Sauna platziert, die sich in einem auskragenden Gebäudeteil in Richtung des Sees streckt. Mit ihrem hellen Holzinterieur sticht sie warmtönig aus dem Beleuchtungskonzept hervor.

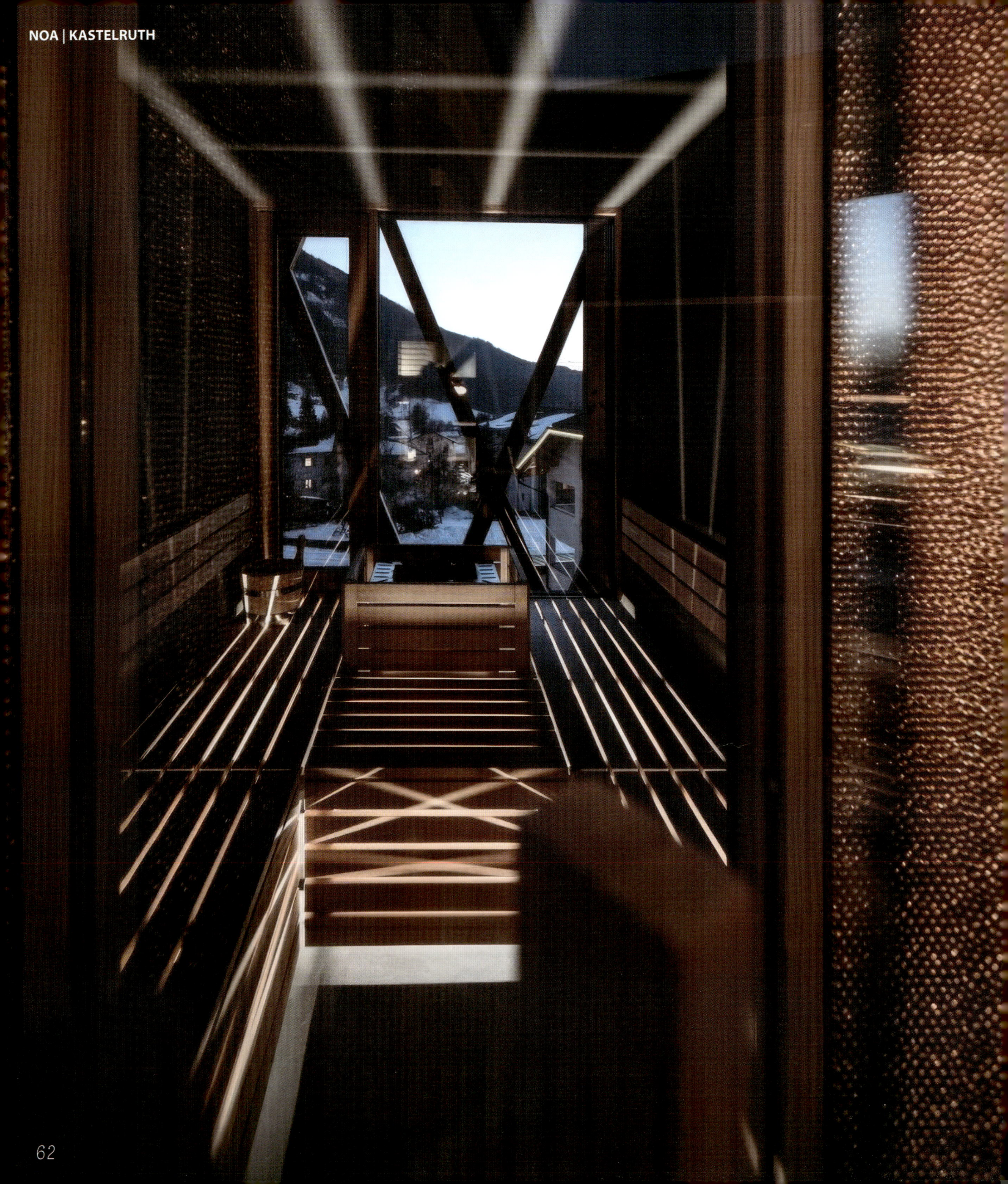

DESIGN-DETAIL:
Auf der Lichtgestaltung lag ein großes Augenmerk. Das beginnt bei der Tageslichtdurchflutung des Hauses aufgrund großer Glasflächen, geht bei heller Ausleuchtung von Funktionsbereichen weiter und endet bei den gezielten Lichteffekten in der Sauna.

WAS DIESES SAUNA-DESIGN BESONDERS MACHT:

In Kastelruth in Südtirol wurde eine ehemalige Scheune zu einem außergewöhnlichen Wohnhaus transformiert, das alpine Bautradition und ein bewusst zeitgenössisches Raumkonzept mit einem Hauch Exzentrik verbindet. Ein besonderer Akzent dieses Umbaus ist die Sauna, die am höchsten Punkt des Hauses unter dem Dach platziert wurde. Sie fügt sich nicht in den vorhandenen Raum ein, sondern bildet einen eigenständigen Kubus innerhalb des offenen Wohngefüges. Trotz dieser markanten Setzung wirkt sie nicht abgeschottet, denn ihre Rückwand ist vollständig verglast. So werden die Fachwerksparren der Architektur Teil des Saunaerlebnisses, gleichzeitig öffnet sich der Blick durch die südliche Glasfassade des Gebäudes direkt auf den Santner, einen Berg der Dolomiten. Zwei gegenüberliegende Saunabänke fangen diese Aussicht ein und nehmen zugleich den abgeschirmten Saunaofen in ihre Mitte. Das Ambiente ist beim Saunieren bewusst dunkel gehalten, wodurch die gezielt eingesetzte Beleuchtung, die unter anderem aus den Sitzflächen herausgeführt wird, besonders intensiv zur Geltung kommt und eine intime, fast theatrale Atmosphäre erzeugt. Einen starken Kontrast dazu bildet die Außenhülle der Sauna, die aus gehämmerten Kupferpaneelen gefertigt ist und dem Kubus eine skulpturale Präsenz verleiht.

IMMOBILIE/ORT:
Kreatives Wohnhaus in Kastelruth, Italien

SAUNA-DESIGNER:
NOA
www.noa.network

WAS DIESES SAUNA-DESIGN BESONDERS MACHT:

In dem kubischen Appendix eines umfassend umgebauten Wohnhauses in Bad Salzuflen wurde diese Designsauna bewusst nicht als abgeschlossener Rückzugsort geplant, sondern als selbstverständlicher Bestandteil des Hauptwohnraums. Dieser erstreckt sich offen und verwinkelt über die gesamte Gartenseite des Erdgeschosses. Direkt vor der Sauna beginnt das Wohnzimmer mit einer bequemen, auf Kommunikation ausgerichteten Polsterlounge. Damit war auch klar, dass die Sauna, die ebenfalls einen kubischen Grundriss aufweist, ein mit sehr viel Präzision bis ins kleinste Detail ausgearbeitetes Schmuckstück werden musste. Für ihren ganz besonderen Einrichtungsgegenstand wünschten sich die Hausherren neben einer leichten Optik, die durch eine dreiseitige Verglasung mit mittig integrierter Türe erzielt wurde, auch eine hohe Individualität in der Innengestaltung. Die konnte die Nordö Saunabau Manufaktur durch einen symmetrischen Aufbau mit zwei unabhängigen Liegeplätzen erzielen. Denn die aus Thermoespe gefertigten Liegen wurden freitragend ausgeführt und scheinen direkt hinter der Glasfront in der Luft zu schweben. In der gesamten Sauna kam dasselbe Holz zum Einsatz – die Wandpaneele bestehen aus 18 Millimeter starkem Vollholz und selbst die Kopfstützen und der Türgriff sind in Thermoespe ausgeführt. Eine quer verlaufende Bank erleichtert den Einstieg und kann als Fußpodest oder zusätzlicher Sitzplatz auf niedrigerem Niveau dienen. Hinter ihr schaut der „Zeus S"-Saunaofen in Rust Marble von EOS hervor, der zentral im hinteren Bereich platziert wurde. Zur Bedienung ist eine schwarze „EOS EmoStyle"- Saunasteuerung verbaut.

DESIGN-DETAIL:
Die beiden freitragenden Liegen sind unbestritten das Designhighlight dieser Sauna, ‚schweben' sie doch mitten im Raum. Ihre Enden wurden sehr detailliert ausgearbeitet, zudem bekamen sie komfortable ergonomische Liegeflächen.

IMMOBILIE/ORT:
Modernes Haus in Bad Salzuflen

SAUNA-DESIGNER:
Nordö Saunabau Manufaktur GmbH
Auf der Hohl 5
53547 Dattenberg

KONTAKT:
Tel. +49 (0)2644 3339
info@nordoe.de
www.nordoe.de

WEITERE BETEILIGTE:
Innenarchitektur Susanne Volkens
Room Plan Stefan Göbel
Raumwerk by Adrian
Lichtart Olpe Michael Segref

SAUNA-TECHNIK:
EOS Saunatechnik GmbH
Schneiderstriesch 1
35759 Driedorf
info@eos-sauna.de
www.eos-sauna.com

WAS DIESES SAUNA-DESIGN BESONDERS MACHT:

Diese kubische Designsauna wurde von Polarholz Saunabau realisiert und als ganzheitlich abgestimmtes Zusammenspiel aus Material, Gestaltung und Technik umgesetzt. Die Planung folgt einer klaren, reduzierten Formensprache, in der traditionelle Saunamaterialien mit einem modernen Aufbau kombiniert wurden. Für das Interieur kam wohlriechendes Zirbenholz zum Einsatz, dessen astige Optik dem Raum eine natürliche Anmutung verleiht. Die Zirbenholzlatten wurden zu großflächigen Paneelen zusammengefügt, wodurch eine nahezu nahtlose Optik entsteht. Die bewusst gesetzten Absetzungen strukturieren die Flächen dezent und unterstützen die ruhige Wirkung. Auch die Sitzbänke und Rückenlehnen, unter denen indirekte Beleuchtung für eine zurückhaltende Lichtführung sorgt, sind aus Zirbenholz gefertigt. Ein prägendes Merkmal ist das große Glaseck mit integrierter Tür, das rahmenlos ausgeführt wurde und die Kabine optisch öffnet. Durch die transparente Ecke wird der freistehende Saunaofen „Majesty" von EOS Saunatechnik sichtbar, der sowohl funktional als auch gestalterisch im Zentrum steht. Seine kubische Form nimmt die Geometrie der Sauna auf, während der intensiv schwarze Korpus einen Kontrast zum hellen Holz bildet. Diese Farbigkeit wird außen fortgeführt – plane schwarze Wände fassen das Glaseck ein und unterstreichen die klare Linienführung. Innen und außen entstand so ein durchgängiges, ruhiges Gesamtbild.

DESIGN-DETAIL:
Seine skulpturale Formensprache und die umlaufenden Lamellen machen den Saunaofen „Majesty" zu einem prägenden Element der Sauna. Er wurde bewusst als architektonisches Objekt konzipiert und kann frei vor Glasflächen stehen.

IMMOBILIE/ORT:
Ausstellungssauna in Rheinland-Pfalz

SAUNA-DESIGNER:
Polarholz GmbH
An den Nahewiesen 20
55450 Langenlonsheim

KONTAKT:
Tel. +49 (0)6704 963310
info@polarholz.de
www.polarholz-sauna.de

SAUNA-TECHNIK:
EOS Saunatechnik GmbH
Schneiderstriesch 1
35759 Driedorf

KONTAKT:
Tel. +49 (0)2775 820
info@eos-sauna.de
www.eos-sauna.com

EOS

WAS DIESES SAUNA-DESIGN BESONDERS MACHT:

Mit einem exklusiven Saunadoppel stattete Pumpen Veit den Wellnessbereich eines Wohnhauses in Sachsen aus – bestehend aus einer Finnischen Sauna und einem Dampfbad. Die beiden Kabinen wurden nebeneinander platziert und mithilfe von Wand- und Deckenübergängen optisch zu einer Einheit verbunden. So wirkt es, als ob sie in Wandnischen untergebracht wären, außerdem entsteht eine ruhige, einheitliche Optik. Die wird von den marmorierten Feinsteinzeugplatten, die den Boden und partiell die Wände verkleiden, weiter unterstrichen. Die finden sich auch in der angrenzenden, aber räumlich separierten Schwimmhalle wieder. Und es gibt ein weiteres verbindendes Element – ein Panoramafenster in der Wand der Finnischen Sauna. So bleibt ihre moderne Innengestaltung aus warmtöniger Thermo-Espe selbst beim Schwimmen im Blick. Die Saunakabine wurde in Elementbauweise erstellt und mit einer in Rauchglas ausgeführten Ganzglasfront versehen, in deren Mitte die raumhohe Eingangstüre integriert wurde. Schwarze Türbeschläge sind hier ein besonderes Detail, schließlich fügen sie sich unaufdringlich in die elegante Optik ein. Für den schnellen und intensiven Wärmegenuss wurden zudem zwei Infrarot-Sitzplätze in die Sauna integriert, neben denen eine indirekte LED-Beleuchtung stimmungsvolles Licht nach oben abstrahlt. Auch das etwas schmalere Dampfbad ist mit Rauchglasfront, schwarzen Beschlägen und LED-Beleuchtung ausgestattet, für das feuchtwarme Klima sorgt hier ein hochwertiger Dampfgenerator mit Duftbeimischung. Für musikalische Untermalung stehen in beiden Kabinen Audioboxen zur Verfügung, gesteuert wird die gesamte Technik mit Touchdisplays.

DESIGN-DETAIL:
Das Spiel mit dem Hell-Dunkel-Kontrast wurde in diesem Wellnessbereich bis in die kleinsten Details durchgezogen. So treten die schwarzen Touchpanels der Saunasteuerung vor dem sandsteinfarbenen Wandbelag bestens hervor.

IMMOBILIE/ORT:
Wohnhaus in Sachsen

SAUNA-DESIGNER:
Pumpen Veit OHG
Hainichener Str. 28
09569 Oederan

KONTAKT:
Tel. +49 (0)37292 5000
info@pumpenveit.de
www.pumpenveit.de

DESIGN-DETAIL:
Hier wurde aus der Not eine Tugend gemacht – der bestehende Vorsprung neben der Zimmertüre dient nun als leichter Raumtrenner, bekam ein kleines Einbauregal und nimmt auch noch gekonnt die Saunasteuerung aus dem Blickfeld.

WAS DIESES SAUNA-DESIGN BESONDERS MACHT:

Dampfbad oder Sauna – warum nicht beides? Der Keller in einem Wohnhaus in Bietigheim-Bissingen war jedenfalls groß genug dafür. Also ließen sich die Hausherren diesen von Rund ums Haus zu einer behaglichen Wellnessoase umgestalten. Das durchdachte Konzept sah vor, Sauna und Dampfbad diagonal versetzt in gegenüberliegenden Raumecken zu positionieren. So ließen sich zwei unterschiedliche Gestaltungen harmonisch integrieren: Auf der einen Seite die Sauna in warmtönigem Holz und auf der anderen ein Dampfbad mit Holzoptikfliesen in Graunuancen. Beide Kabinen sind nahtlos in den Raum integriert und wirken wie separate Nischen, die ein heimeliges Gefühl der Intimität durchströmt. Den Platz dazwischen füllt ein Loungebereich, der mit dick gepolsterten Liegen zum Verweilen einlädt. Ein Highlight in diesem Bereich stellen die Wandleuchten dar, die Farblichtkegel in mehreren Farbtönen abstrahlen können, was eine besondere Stimmung erzeugt und zur Kreation aufregender Lichtkompositionen einlädt. In einer Nische zwischen Sauna und Lounge fand zudem eine frei begehbare Duschanlage Platz, die mit einer Kopfbrause von Cara sanfte Regengüsse ebenso bietet wie schnelle Abkühlung mit einem Gussschlauch von Keuco.

IMMOBILIE/ORT:
Wohnhaus in Bietigheim-Bissingen

SAUNA-DESIGNER:
Rund ums Haus GmbH
Salinenstraße 34
74177 Bad Friedrichshall

KONTAKT:
Tel. +49 (0)7136 968790
info@ruh-gmbh.com
www.ruh-gmbh.com

WEITERE BETEILIGTE:
Sauna, Dampfbad: Klafs
Kopfbrause: Cara
Thermostat, Handbrause: Hansgrohe
Gussschlauch: Keuco
Fliesen: GFK
Beleuchtung: LED-Arena

Fotos: Rainer Bohna Foto & Design

Fotos: Rainer Rahne Foto & Design

WAS DIESES SAUNA-DESIGN BESONDERS MACHT:

Was nutzt ein Keller, wenn darin eh nur Sachen verstauben, dachten sich wohl die Hausherren in diesem Wohnhaus in Ingersheim. Sie wünschten sich außerdem eine kleine Wellnessoase zu Hause, und so verbanden sie kurzerhand die beiden Gedanken und ließen sich von Rund ums Haus ihren Keller komplett umgestalten. Zentrales Element ist die favorisierte Sauna, ein Modell „Aura" von Klafs, die dank Wand- und Deckenanschlüssen nahtlos mit dem Raum verschmilzt – und mit einem Saunaofen mit Aufguss- und Wedelfunktion ausgestattet ist. Sie verfügt über eine große Verglasung mit abgeschrägtem Glaseck, das das Formenspiel des verwinkelten Kellerraums aufgreift. Die Türe ist mittig in die Glasfront integriert und mit dezenten Beschlägen versehen, die den Ausblick beim Saunieren nicht behindern. Der fällt auf den in einen dekorativen Holzkubus eingefassten Elektrokamin, der zusätzlich von stimmungsvoller Hintergrundbeleuchtung inszeniert wird. Generell fällt dem (Farb-)Lichtspiel in dieser Wellnessoase eine tragende Rolle zu – beginnend in der Sauna, die zwischen ihren beiden Liegeflächen komplett in einen Wunschfarbton gehüllt werden kann. Neben der Sauna schafft ein im Raum unsichtbares Lichtpaneel eine großflächige Farbstimmung, während ein anderes hinterleuchtetes Paneel ein großformatiges Küstenmotiv inmitten der maßgefertigten Möbel hell erscheinen lässt. Zu guter Letzt setzen Spotlights attraktive Lichtakzente an den Wänden. Ergänzt wird die Wellnessoase durch ein zurückhaltend monochrom gestaltetes Badezimmer, das die Abkühlung zwischen den Saunagängen komfortabel vor Ort ermöglicht – separiert im angrenzenden Kellerraum.

DESIGN-DETAIL:
Ein unsichtbar seitlich hinter der Sauna platziertes, großformatiges Lichtpaneel hüllt eine komplette Raumseite auf Wunsch in Farblicht eines beliebigen Tons. Es kann in Einheit oder wie hier kontrastierend mit der Saunabeleuchtung erstrahlen.

IMMOBILIE/ORT:
Wohnhaus in Ingersheim

SAUNA-DESIGNER:
Rund ums Haus GmbH
Salinenstraße 34
74177 Bad Friedrichshall

KONTAKT:
Tel. +49 (0)7136 968790
info@ruh-gmbh.com
www.ruh-gmbh.com

WEITERE BETEILIGTE:
Sauna: Klafs
Kamineinsatz: Max-Einrichtungen
Lightbox: Pixlip
Wandleuchten: TopLight
Möbel: Schuster Ladenbau
Fliesen: GFK
Wandgestaltung: Mikrolino
Armaturen: Frattini
Duschabtrennung: Diversign
Schwallbrause: Keuco
Heizkörper: Nordholm

DESIGN-DETAIL:
Exakt sind die Sitz- und Liegebänke auf zwei Ebenen in die Sauna eingepasst, mit gegenläufigen Verbreiterungen. Eine moderne Gestaltungsnote fügen die schmalen, facettierten Holzlamellen hinzu, inszeniert durch die LED-Beleuchtung.

WAS DIESES SAUNA-DESIGN BESONDERS MACHT:

Im Dachgeschoss eines Einfamilienhauses im Rhein-Neckar-Kreis entstand eine maßgefertigte Sauna, die exakt an die anspruchsvollen räumlichen Gegebenheiten angepasst wurde. Die Planung und Umsetzung übernahm Sauna-Bau K. Jockers, der die Kabine genau nach Wunsch der Hausherren realisierte – als moderne Sauna, gepaart mit klassischen Elementen. Außen wurde sie mithilfe einer Rigipsverkleidung nahtlos in den Raum integriert. Im Inneren prägen hochwertige Verkleidungsplatten aus Eichenholz die Gestaltung und verleihen der Kabine eine ruhige, zeitgemäße Anmutung. Der komplexe Grundriss erforderte eine beidseitige Anpassung an die Dachschrägen sowie eine formgenaue Ausarbeitung der Frontseite. Auf Wunsch der Bauherren wurde zudem ein vorhandener alter Firstpfosten in die Saunakonstruktion integriert, der heute als gestalterisches Element ein Statement setzt. Eine großflächige Verglasung öffnet die Sauna zum Raum hin und sorgt sowohl beim Betreten des Wellnessraums als auch während des Saunierens für ein maximal offenes Erscheinungsbild. Die Sitz- und Liegeflächen sind als schwebende Elemente mit außergewöhnlicher Formensprache ausgeführt und werden durch integrierte Beleuchtung akzentuiert. Die Sauna ist Teil eines zusammenhängenden Wellnessbereichs mit angrenzender Dusche und Ruhezone und zeigt, wie individuell gefertigter Saunabau komplexe Dachräume funktional und gestalterisch nutzbar macht.

IMMOBILIE/ORT:
Einfamilienhaus im Rhein-Neckar-Kreis

SAUNA-DESIGNER:
Sauna-Bau K. Jockers GmbH
Siemensstraße 16
67454 Haßloch

KONTAKT:
Tel. +49 (0)6324 92430
info@jockers.de
www.jockers.de

WEITERE BETEILIGTE:
Verkleidungsplatten aus Eiche: Grabner
Saunaofen/Steuerung: EOS
Beleuchtung: Licht 2000
Spezial-Saunatürbänder: Pauli & Sohn

EOS

WAS DIESES SAUNA-DESIGN BESONDERS MACHT:

Diese zeitlos elegante Sauna fügt sich harmonisch in den neu geschaffenen Wellnessbereich mit Schwimmbad eines Wohnhauses im Rhein-Neckar-Kreis ein. Großzügige Transparenz und Offenheit entstehen durch die hochwertige Glasfront aus zehn Millimeter starkem Einscheibensicherheitsglas, die den Raum visuell erweitert und die Architektur bewusst in Szene setzt. Die moderne Plattenverkleidung im Innenraum, kombiniert mit einer thermisch behandelten Feder, verleiht der Sauna eine ruhige, hochwertige Anmutung. Außen setzt die schlichte Verputzoptik der Kabine einen spannenden Kontrast und unterstreicht den architektonischen Anspruch des Projekts. Das ganzheitlich geplante Beleuchtungskonzept verbindet Sauna und Wellnessraum zu einer Einheit: Die integrierte LED-Beleuchtung erzeugt sowohl innerhalb der Kabine als auch im umliegenden Raum eine stimmungsvolle Lichtatmosphäre. Technisch ist die Sauna mit hochwertiger Technik von EOS ausgestattet. Zum Einsatz kommt ein „Mythos S45"-Saunaofen in Anthrazit, bestückt mit „Cubius"-Natursteinen, der sich formal in das Gesamtdesign einfügt. Gesteuert wird die Anlage über eine „EmoStyle D"-Steuerung, eingebunden in das hauseigene KNX-System, wodurch Komfort und moderne Gebäudetechnik nahtlos miteinander verbunden werden.

DESIGN-DETAIL:
Vor der horizontal verlegten Plattenverkleidung des Innenraums erheben sich die Liegebänke auf zwei Höhenniveaus, die mit Gehrungsschnitten versehen eine kubische Grundform aufweisen – passend zum Designsaunaofen davor.

IMMOBILIE/ORT:
Wohnhaus im Rhein-Neckar-Kreis

SAUNA-DESIGNER:
Sauna-Bau K. Jockers GmbH
Siemensstraße 16
67454 Haßloch

KONTAKT:
Tel. +49 (0)6324 92430
info@jockers.de
www.jockers.de

SAUNA-TECHNIK:
EOS Saunatechnik GmbH
Schneiderstriesch 1
35759 Driedorf

KONTAKT:
Tel. +49 (0)2775 820
info@eos-sauna.de
www.eos-sauna.com

Fotos: Andreas Mayr

DESIGN-DETAIL:
Neben der Infrarotwärmekabine fertigte der Saunaspezialist auch gleich noch den angrenzenden Einbauschrank an – dadurch ergab sich eine einheitliche Optik in herrlichem Thermo-Radiata-Holz und somit ein nahtloser Übergang.

WAS DIESES SAUNA-DESIGN BESONDERS MACHT:

Saunavita hat in einem wunderschönen Einfamilienhaus bei Garmisch-Partenkirchen eine maßgefertigte Infrarotwärmekabine geplant und umgesetzt – perfekt abgestimmt auf die Wünsche der Bewohner. Die Verkleidung innen sowie außen wurde mit thermobehandeltem Radiataholz in Leistenoptik ausgeführt. Die warme und dunkle Farbe des Holzes verleiht dem Raum einen besonderen Charme und Behaglichkeit. In Erweiterung der Kabine wurde ein Einbauschrank realisiert, der sich in der gleichen Optik harmonisch einfügt. Die ergonomische Liege sowie die ergänzende Bank wurden aus hellem Lindenholz gefertigt und sind mit individuell regelbaren Rückenstrahlern ausgestattet, die eine gezielte Tiefenwärme ermöglichen. Zusätzlich sorgen Flächenstrahler in den Wandbereichen für ein gleichmäßiges Temperaturniveau innerhalb der Kabine. Als besondere technische Ergänzung wurde ein Verdampferofen mit Salzverdampferaufsatz integriert, der feuchte Salzluft erzeugt und das Wärmeerlebnis um eine weitere Anwendung erweitert. Eine indirekte warmweiße LED-Beleuchtung ist in die Konstruktion eingebunden und akzentuiert die Holzoberflächen, während eine separate Leseleuchte die Nutzung um eine funktionale Lichtquelle ergänzt. Für die akustische Ausstattung steht ein Audiosystem mit Einbaulautsprechern bereit, das die Kabine als ruhigen Rückzugsraum im privaten Wohnumfeld komplettiert.

IMMOBILIE/ORT:
Einfamilienhaus bei Garmisch-Partenkirchen

SAUNA-DESIGNER:
Saunavita GmbH & Co. KG
Johannisstr. 6
82418 Murnau

KONTAKT:
Tel. +49 (0)8841 90003
wellness@saunavita.de
www.saunavita.de

Fotos: Tom Philippi

DESIGN-DETAIL:

Von oben betrachtet scheinen die beiden Sitz- und Liegebänke zu schweben, kragen sie doch elegant über den Zwischenbankverkleidungen aus. Sie haben konisch zulaufende Vorderkanten, die ihnen optisch Leichtigkeit verleihen.

WAS DIESES SAUNA-DESIGN BESONDERS MACHT:

„Heat + Style" beschreibt die Saunakabine treffend, die SHS Schmierer in die exklusive Schwimmhalle einer Villa in Stuttgart integriert hat. Wie die gesamte Schwimmhalle glänzt sie nicht mit auftragender Opulenz, dafür mit stilvoller Leichtigkeit – und einem allgegenwärtigen Flair von Luxus dank erlesener Materialien. Die 2,5 x 2,4 x 2,2 Meter messende Saunakabine wurde nahtlos in einen im Raum stehenden Kubus eingefügt, der zur Decke hin dank eines LED-Lichtbands indirekt illuminiert wird. Zwei vollflächige Glasfronten geben den uneingeschränkten Blick in die Schwimmhalle frei – von allen Bänken aus, die ebenso wie die Rückenlehnen aus Thermoespe gefertigt wurden. Die Türe befindet sich im Eck der ESG-Glasfront und wurde mit dezenten Sondertürgriffen ausgestattet – innen Birke, außen in matter Goldoptik. So blieb die Harmonie mit allen Beschlägen in der Schwimmhalle und mit der Innenausstattung der Sauna aus hellen Birkenholz erhalten. Den Saunaofen sucht das Auge vergebens – es wurde eine unsichtbare Unterbanklösung gewählt. Auf eine Aufgussfunktion musste deshalb trotzdem nicht verzichtet werden, ein Einfülltrichter hinter einer Klappe in der Rückenlehne macht sie möglich. Auf den extra breiten Liegeflächen – unten 1,4 und oben 1,0 Meter Breite – kann zudem eine Biosaunafunktion genossen werden, der Dampfgenerator dafür ist ebenfalls unter der Saunabank verborgen. Maßgeblich dafür verantwortlich sind die Zwischenbankverkleidungen, die zusätzlich für optische Ruhe sorgen.

IMMOBILIE/ORT:
Villa in Stuttgart

SAUNA-DESIGNER:
SHS Schmierer GmbH
POOL . SPA . MEHR
Schaflandstraße 6
70736 Fellbach

KONTAKT:
Tel: +49 (0)711 9005160
info@schwimmbad-schmierer.de
www.schwimmbad-schmierer.de

WEITERE BETEILIGTE:
Saunakabine in Kooperation mit
Strohm Einrichtungen GmbH
in Tuttlingen

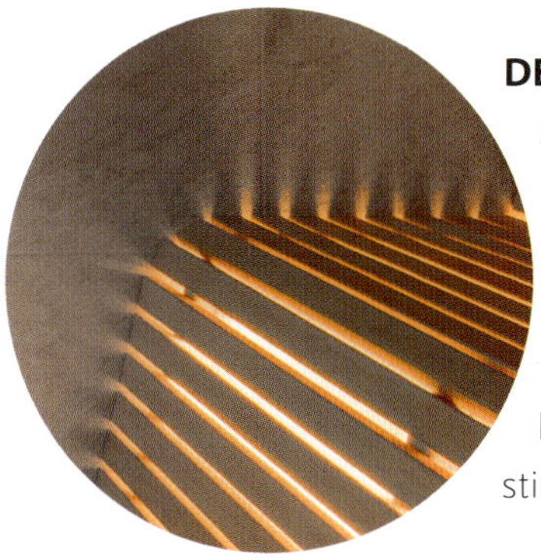

DESIGN-DETAIL: In exakten Abständen reihen sich die schmalen Holzlamellen aus hellem Aspenholz aneinander und gehen in sanften Rundungen von Verblendungs- zu Sitzflächen über. Die Zwischenräume ermöglichen stimmungsvolle Lichteffekte.

WAS DIESES SAUNA-DESIGN BESONDERS MACHT:

Auf der norwegischen Insel Halvarøy, in einer rauen, vom Wetter geprägten Landschaft, ist die Sauna integraler Bestandteil eines modernen Wohnhauses, das sich mit großflächigen Verglasungen konsequent zur Natur öffnet. Auch die Sauna greift dieses Prinzip auf und wurde mit einer raumhohen Glasfront ausgestattet, die den Blick über einen schmalen Flur hinweg und weiter durch die Außenverglasung des Hauses bis zur dramatischen Fjord- und Berglandschaft freigibt. Betreten wird sie direkt vom angrenzenden Badezimmer aus, sodass Abkühlung und Wechsel zwischen Warm- und Nassbereich unmittelbar möglich sind. Die großformatigen Steinfliesen des Badezimmers setzen sich in der Sauna an Boden und Wänden fort und erzeugen eine ruhige, durchgängige Materialität, die nur dort nicht zu sehen ist, wo sie durch die organisch geformte Saunabank aus horizontal verlegten Holzlamellen verdeckt wird. Diese Lamellen formen nicht nur die Sitz- und Liegeflächen, sondern ziehen sich in einer fließenden Rundung bis über die Decke hinweg und verleihen dem Raum eine skulpturale Wirkung. Das Saunaklima erzeugt ein Designofen aus der Serie „Hive" von HUUM, während indirekte Beleuchtung unterhalb der Bankelemente das Licht sanft durch die Zwischenräume der Lamellen schimmern lässt und eine warme, zurückhaltende Atmosphäre generiert.

Fotos: Steve King

IMMOBILIE/ORT:
Wohnhaus in Halvarøy, Norwegen

SAUNA-DESIGNER:
Snorre Stinessen Architecture
www.bystinessen.com

Fotos: RivieraPool

WAS DIESES SAUNA-DESIGN BESONDERS MACHT:

In einem Anwesen im Raum Hamburg wurde eine Saunakabine realisiert, die eng mit dem vorgelagerten Poolbereich verbunden ist und das Zusammenspiel von Raum, Wasser und Licht in den Mittelpunkt stellt. Die Sauna ist in eine Wellnesshalle eingebettet, deren Farbwelt von zurückhaltenden Erdtönen geprägt ist, und öffnet sich über eine vollflächige Glasfront zum angrenzenden Schwimmbecken. In die Verglasung ist eine Glastür mit dezenten Beschlägen integriert, wodurch die Blickbeziehung zwischen Sauna und Pool nahezu ununterbrochen bleibt. Der Innenraum der Sauna ist mit hellen Hölzern ausgekleidet und wird durch punktuell eingesetzte indirekte Beleuchtung strukturiert, die den Raum gleichmäßig erfasst. Das Schwimmbecken, eine Individualanfertigung von RivieraPool, wurde partiell unter die Saunakabine geführt, sodass diese optisch über dem Wasser zu schweben scheint und eine gesamte Frontseite des Pools beim Saunieren aus dem Blickfeld verschwindet. Dafür schimmert das einfallende Sonnenlicht auf der Wasseroberfläche mit den Glasmosaikfliesen des Pools um die Wette. Am Abend haben die Hausherren diverse Möglichkeiten, eine Lichtinszenierung nach Wunsch in der Wellnesshalle zu schaffen. Sei es die Unterwasserbeleuchtung des Pools alleine, die mit stolzen acht Einbauscheinwerfern auf kompaktem Grundriss sehr beachtlich ist, eine Kombination mit den Lichtskulpturen und feinen Spotbeleuchtungen des Wellnessraums oder dank des raumhohen Lichtpaneels in beliebige Farbtöne getaucht – alle Stimmungen lassen sich vom Königsplatz Sauna bestens genießen.

DESIGN-DETAIL:

Beim Saunieren thronen die Hausherren scheinbar schwerelos oberhalb der glitzernden Wasseroberfläche des kompakten Pools. Der wurde als Sonderanfertigung genau in den Raum eingepasst und bündig mit der Seitenwand installiert.

IMMOBILIE/ORT:
Anwesen bei Hamburg

SAUNA-DESIGNER:
sunpools SCHIKORA GmbH
Altonaer Straße 299
25462 Rellingen

KONTAKT:
Tel. +49 (0)4101 41034
info@sun-pools.de
www.sunpools.de

POOL-HERSTELLER:
RivieraPool Fertigschwimmbad GmbH
Klöcknerstraße 2
49744 Geeste

KONTAKT:
Tel. +49 (0)5397 660
info@pools.de
www.pools.de

DESIGN-DETAIL:
Der Specksteinofen setzt bewusst einen optischen Kontrapunkt zum durchgängig topmodern gestalteten Innenraum der Sauna. Er speichert die Wärme in seinen geschichteten Specksteinrahmen, die zudem die Dampfmenge beim Aufguss erhöhen.

WAS DIESES SAUNA-DESIGN BESONDERS MACHT:

Im November 2024 realisierte der Saunaspezialist woodsense für den Sportclub DSC Arminia Bielefeld eine maßgefertigte Mannschaftssauna, die gezielt auf die Anforderungen des Profisports ausgelegt ist. Die Anlage bietet Platz für bis zu zwölf Personen und ist als langgestreckter Holzbau mit vorgelagertem Vorraum konzipiert. Die Innenausstattung umfasst einen Specksteinofen sowie eine LED-hinterleuchtete Wand aus Himalayakristall, die als gestalterisches und atmosphärisches Element eingesetzt wird. Ergonomisch geformte Rückenlehnen sind mit integrierter indirekter Farbbeleuchtung ausgestattet und strukturieren den Innenraum entlang der Sitz- und Liegezonen. Eine schmale, rund fünf Meter lange Panoramascheibe sorgt für eine horizontale Blickführung aus der Sauna heraus und bringt ein Quäntchen Tageslicht in die Kabine. Die Außenverkleidung besteht aus regionalem Holz aus Bielefeld, das woodsense selbst auftrennen ließ und anschließend weiterverarbeitete. Dadurch entstand eine rustikale, materialbetonte Hülle, die den handwerklichen Charakter der Sauna unterstreicht. Das gesamte Saunadesign wurde individuell für den Trainingsstandort des Vereins entwickelt und erweitert das Gelände um eine funktional und gestalterisch präzise auf Regeneration ausgerichtete Saunaanlage.

IMMOBILIE/ORT:
Trainingsgelände DSC Arminia Bielefeld

SAUNA-DESIGNER:
woodsense GmbH
Detmolder Str. 630 G
33699 Bielefeld

KONTAKT:
Tel. +49 (0)521 55739625
info@woodsense.de
www.woodsense.de

DESIGN-DETAIL:
Der Platz vor der Sauna ist Dreh- und Angelpunkt des kleinen Wellnessbereichs. Durch die Türe ins Freie gelangen die Hausherren zum Whirlpool und gegenüber der Sauna befindet sich ein komplett offener Duschbereich vor monochromen Fliesen.

WAS DIESES SAUNA-DESIGN BESONDERS MACHT:

Auf dem weitläufigen Areal des ehemaligen Landguts Domaine Valdurn in Kanada liegt dieses Anwesen auf einem steilen Hanggrundstück in Saint-Faustin-Du-Lac-Carré. Das Wohnhaus schmiegt sich sensibel an die Klippe und bewahrte beim Bau die ursprüngliche Landschaft mit möglichst geringem Eingriff. Trotz der spektakulären Lage und der weiten Ausblicke entschieden sich die Hausherren bei der Sauna bewusst gegen eine vollständig offene Inszenierung und setzten stattdessen auf einen geschützten, intimen Rückzugsort. Die Finnische Sauna wurde daher im Untergeschoss des Hauses platziert, wo sie gemeinsam mit einem vorgelagerten Gartenwhirlpool eine abgeschlossene Wellnesszone bildet. Während der Whirlpool wärmende Entspannung im Freien bietet, steigert sich die Wärme im Inneren der Sauna zu klassischem Finnischem Saunagenuss. Die Sauna ist längsseitig in den Raum integriert und mit einem schmalen, horizontalen Panoramafenster ausgestattet, das den Blick auf die umgebende Natur und den See freigibt, ohne die Geborgenheit des Raumes aufzugeben. Zum Innenraum hin öffnet sich die Sauna hingegen vollständig: rahmenlose, raumhohe Glasflächen lassen die Grenzen nahezu verschwinden und verleihen ihr eine großzügige Weite. Die intensiv braune Holzverkleidung von Wänden und Decke zieht sich nahtlos in die angrenzenden Raumflächen hinein und bindet die Sauna harmonisch in die Architektur ein. Unterhalb des Panoramafensters verläuft eine lange Sitzbank, die auf ein Höhenniveau beschränkt ist – zugunsten der Aussicht ins Grüne und auf den See.

IMMOBILIE/ORT:
Waldhaus in Saint-Faustin-Lac-Carré, Kanada

SAUNA-DESIGNER:
Yiacouvakis Hamelin architectes, yh2
www.yh2architecture.com

Fotos: Maxime Brouillet

Foto aus einem Wohnhaus in Bretten. Die Sauna dazu finden Sie auf Seite 104.

Foto: Rainer Rohna Foto & Design

DIE SCHÖNSTEN SAUNA-DESIGNS

DIE SAUNA IM BADEZIMMER

Foto aus einer Altstadtvilla in Baden-Württemberg. Die Sauna dazu finden Sie auf Seite 96.

Foto: Ivo Gretener

WAS DIESES SAUNA-DESIGN BESONDERS MACHT:

In einer modernen Villa in Helsinki wurde die Sauna als integraler Bestandteil eines klar gestalteten Badezimmers umgesetzt. Die Kabine fügt sich in die reduzierte Raumwirkung ein, die durch großformatige, weiß marmorierte Feinsteinzeugplatten geprägt ist. Entsprechend zurückhaltend ist auch die Saunagestaltung gehalten: Helle Hölzer bestimmen Wandflächen und Sitzbänke, während der Boden mit kleinen, quadratischen Fliesen in Weiß belegt ist. Der Saunaofen ist mit einer runden Verkleidung in Betonoptik eingefasst und mit weißen Saunasteinen bestückt, wodurch sich ein ruhiges, homogenes Gesamtbild ergibt. Die vollständig verglaste Front bindet die Sauna visuell in das Badezimmer ein und unterstreicht ihren offenen Charakter. Besonderes Augenmerk liegt auf der Anordnung der Sitzbänke, die an den beiden geschlossenen Seiten nicht linear, sondern versetzt angeordnet sind. Statt klassischer zwei Ebenen entstehen so vier unterschiedliche Sitzhöhen, ergänzt durch ein Podest, das zugleich den Saunaofen trägt und eine weitere Position ermöglicht. Diese Staffelung schafft eine hohe Flexibilität bei der Nutzung und eröffnet zugleich eine präzise Lichtinszenierung. Indirekte Lichtquellen sind an den ‚Schnittpunkten' unterhalb der Sitzflächen integriert und lassen die Ebenen plastisch hervortreten. Die Sauna verbindet damit funktionale Vielfalt mit einer konsequent reduzierten Formensprache.

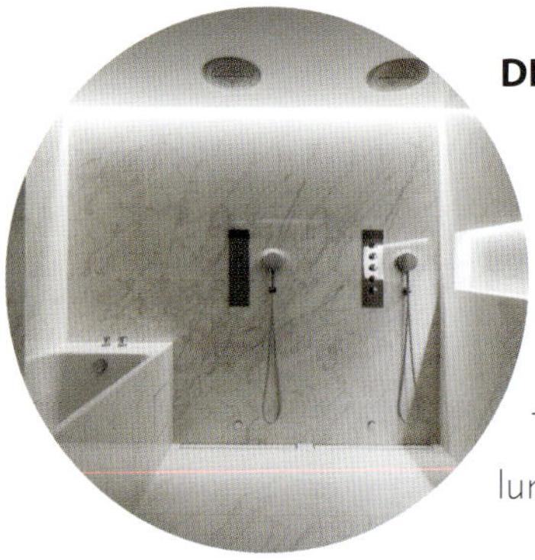

DESIGN-DETAIL:

Das Rund als Designelement kommt neben dem Saunaofen auch gehäuft in der Dusch- und Badezone zum Einsatz. Dank Doppeldusche mit runden Kopfbrausen und großen Tellerhandbrausen kann die Abkühlung sogar paarweise stattfinden.

IMMOBILIE/ORT:
Moderne Villa in Helsinki, Finnland

SAUNA-DESIGNER:
Avanto Architects Ltd
www.avan.to

Foto: Kuvatoimisto Kuvio

DESIGN-DETAIL:
Auf bequemer Bedienhöhe wurde die kompakte Saunasteuerung mit digitalem Display vor die Verglasung gesetzt. Ihr Holzträger fügt sich nicht nur harmonisch an den Rahmen der maßgefertigten Sauna, er verbirgt auch die Steuerungskabel.

WAS DIESES SAUNA-DESIGN BESONDERS MACHT:

In einem Apartment bei Mainz wurde ein schmaler Dachstuhl vom Badspezialisten Axel Fröhlich zu einem Wellnessbad ausgebaut, dessen zentrales Element eine maßgefertigte Sauna bildet. Die planerische Herausforderung lag in der geringen Breite von nur 2,86 Metern und dem ausgeprägten Spitzgiebel, die eine präzise Anpassung an die Geometrie des Raums erforderten. Die Sauna fügt sich passgenau in den Dachraum ein und bietet im Inneren ausreichend Sitz- und Liegeflächen, ergänzt durch einen komfortabel gestalteten Vorraum. Ein durchgängiges Lichtkonzept prägt den gesamten Bereich: Indirekte Beleuchtung strukturiert den Raum und wird besonders in der Sauna wirksam, deren Innenauskleidung aus hellem, leicht rötlichem Holz besteht. Die vollständige Glasfront lässt das Licht in den Raum wirken und öffnet die Kabine optisch zum Bad. Gestalterische Details zeigen sich an der Glastür mit abgefasten oberen Kanten, die den Bewegungsraum unter der Schräge optimieren, sowie an den zurückhaltenden Beschlägen und der dezent vorgelagerten digitalen Saunasteuerung. Die großformatigen Fliesen in Natursteinoptik setzen sich als Bodenbelag in der Sauna fort und verleihen dem Dachbadezimmer in Kombination mit dem sanft geölten Holz eine natürliche Wärme und zeitlose Eleganz.

IMMOBILIE/ORT:
Apartment bei Mainz

SAUNA-DESIGNER:
Axel Fröhlich GmbH
Rheinallee 120
55120 Mainz

KONTAKT:
Tel. +49 (0)6131 945990
info@axel-froehlich.com
www.axel-froehlich.com

DESIGN-DETAIL:
Schon anhand der präzise ausgeführten, in akkuraten Abständen platzierten Holzstäbchen wird ersichtlich, welch eine imposante und hochelegante Wirkung eine grundsätzlich minimalistische Saunaeinrichtung entfalten kann.

WAS DIESES SAUNA-DESIGN BESONDERS MACHT:

In einer Altstadtvilla in Baden-Württemberg entstand ein Sauna-Unikat, das durch handwerkliche Präzision und Ästhetik überzeugt. Realisiert wurde die Sauna von der corso sauna manufaktur, die ihr eine durchgängige Stäbchenoptik verlieh: Sowohl die Innenverkleidung als auch die Saunabänke sind mit feinen, speziell angefertigten Stäbchen gestaltet, die eine elegante Note erzeugen. Der Kontrast zwischen der dunkel schimmernden Thermo-Espe und der hellen Badeinrichtung schafft eine edle Atmosphäre, die Wärme und Geborgenheit ausstrahlt. Die Kombination mit den schwebend wirkenden Saunabänken und der großzügigen Glasfront bewirkt eine beeindruckende Leichtigkeit. Abgerundet wird das Design durch die indirekte LED-Beleuchtung, die die feine Stäbchenstruktur sanft in Szene setzt und für ein stimmungsvolles Ambiente sorgt. Ein wichtiger Bestandteil des Gesamtkonzepts ist natürlich auch die hochwertige Saunatechnik. Verbaut wurde ein „Mythos S45"-Saunaofen von EOS, ausgestattet mit „Cubius"-Saunasteinen. Mit seiner reduzierten, klaren Formensprache fügt sich der Ofen ruhig und selbstverständlich in das architektonische Gesamtbild ein. Er steht für den klassischen Finnischen Saunabetrieb und sorgt für eine gleichmäßige, angenehme Wärmeverteilung – präzise, zurückhaltend und perfekt auf den Charakter des Raumes abgestimmt. Die Sauna ist heute das Highlight in dem exklusiven Badezimmer und verschafft den Hausherren allabendlich eine schnelle, tiefgreifende Entspannung.

IMMOBILIE/ORT:
Altstadtvilla in Baden-Württemberg

SAUNA-DESIGNER:
corso sauna manufaktur GmbH
Industriestraße 37
49565 Bramsche

KONTAKT:
Tel. +49 (0)5461 603990
info@corso-saunamanufaktur.com
www.corso-saunamanufaktur.com

SAUNA-TECHNIK:
EOS Saunatechnik GmbH
Schneiderstriesch 1
35759 Driedorf

KONTAKT:
Tel. +49 (0)2775 820
info@eos-sauna.de
www.eos-sauna.com

WAS DIESES SAUNA-DESIGN BESONDERS MACHT:

DESIGN-DETAIL:
Der elektrische Ofen dieser Sauna ist auf den ersten Blick nicht als solcher erkennbar. Vielmehr wirkt er wie ein aus Stahlringen dekorativ geformter Steinkorb. Die Saunasteine verbergen die gesamte Technik gekonnt hinter sich.

IMMOBILIE/ORT:
Familiendomizil in Whitefish, USA

SAUNA-DESIGNER:
Love Schack Architecture
www.loveschackarchitecture.com

Für die ursprünglich schwedische Familie durfte eine Sauna nicht fehlen, als sie sich ihr neues Familiendomizil in Whitefish in den vereinigten Staaten von Love Schack Architecture gestalten ließen. Allerdings durfte die Sauna nicht allzu viel Platz einnehmen, weshalb sie in das Badezimmer integriert werden sollte. Das ist durchdacht aufgeteilt – im länglichen ‚Badezimmer' mit Glastür ins Freie ist lediglich der Doppelwaschplatz zu sehen. Die Dusche geht als kleine ‚Koje' unauffällig von diesem Hauptraum ab und wird über eine schlanke Glastüre betreten. Eine ebensolche hat auch die Saunakabine, die wiederum als kleine Koje direkt von dem ansonsten vollständig verfliesten Duschraum abgeht. Während in der Dusche feine Messingrahmen und Beschläge für eine zurückhaltende Luxusästhetik sorgen, herrscht in der Saunakabine ein ursprüngliches, rustikales und damit hochgemütliches Flair vor. Statt nordischer Fichte kam zwar lokal verfügbares Red-Cedar-Holz zum Einsatz, das ihm aber im Hinblick auf die reichhaltige Holzmaserung in nichts nachsteht. Und mit dem herrlich rötlichen Farbton auch noch eine große Behaglichkeit ausstrahlt. Eine praktische Ablage nimmt Kräuter oder Quasten auf, für das nordische Saunaerlebnis essentiell. Und der elektrische Saunaofen macht sich als dekoratives Wandmodell schlank und lässt die Saunasteine voll zur Geltung kommen.

IMMOBILIE/ORT:
Kubisches Haus in Bemmel, Niederlande

SAUNA-DESIGNER:
Maxim Winkelaar Architects
www.maximwinkelaar.com

WAS DIESES SAUNA-DESIGN BESONDERS MACHT:

In Bemmel in den Niederlanden wurde in einem modern kubischen Wohnhaus eine private Sauna in das großzügige Badezimmer integriert. Die wellnessorientierten Hausherren entschieden sich für eine zurückhaltende Lösung, bei der die Kabine gemeinsam mit einer angrenzenden Dusche im hinteren Bereich des Raums angeordnet ist. Um eine möglichst unaufdringliche Einbindung zu erreichen, wurde die Sauna überwiegend geschlossen ausgeführt – lediglich eine Glastür mit schmaler Verglasung in der Verbindungsecke zur Dusche öffnet den Innenraum visuell. Die Kabine ist vollständig mit hellem Holz ausgekleidet und verfügt über zwei Ebenen für Sitz- und Liegepositionen. Da der zur Verfügung stehende Raum schlussendlich doch etwas knapp bemessen war, wählten die Hausherren statt einer klassischen Sauna eine Infrarotwärmekabine, weshalb auf einen Saunaofen verzichtet werden konnte. Die Infrarotstrahler sind in die Rückenlehnen sowie in die Decke integriert und ermöglichen eine gleichmäßige Wärmeabgabe. Der dunkle keramische Bodenbelag setzt einen deutlichen Kontrast zum hellen Holzinterieur und wird aus dem Badezimmer nahtlos in die Kabine geführt. Auf diese Weise entstand eine funktionale Sauna, die sich bewusst in die Gesamtgestaltung des Badezimmers einfügt und den Wellnessbereich klar strukturiert, ohne den Raum optisch zu dominieren.

DESIGN-DETAIL:
Direkt neben der Whirlwanne ließen sich die Hausherren ein Sauna-Fußbecken bauen, das den Körper sowohl vor als auch nach dem Saunagang optimal auf die Temperaturwechsel vorbereitet und dadurch den Kreislauf unterstützt.

Fotos: Uniel de Nooyer

DESIGN-DETAIL:
Im Bereich unter der Dachschräge steht natürlich nur die untere Liegefläche zur Auswahl, dafür dank des zusätzlichen Ecksitzes mit einem hohen Platzangebot. Gepolsterte Saunamatten erhöhen den Sitz- und Liegekomfort beim Saunieren.

IMMOBILIE/ORT:
Domizil im Landkreis Eichstätt

SAUNA-DESIGNER:
MICHAELIS Badkultur GmbH & Co. KG
Apianstraße 21
85051 Ingolstadt

KONTAKT:
Tel. +49 (0)841 8855088
info@michaelis-badkultur.de
www.michaelis-badkultur.de

WEITERE BETEILIGTE:
Sauna: Reinbold Saunabau
Saunaverglasung, Glaselemente: Glasmac
Armaturen: Gessi
WC: Geberit
Badmöbel: Mobiltesino

WAS DIESES SAUNA-DESIGN BESONDERS MACHT:

In einem Familiendomizil im Landkreis Eichstätt sollte von MICHAELIS Badkultur das Zweitbad komplett modernisiert werden. Es wurde zu diesem Zeitpunkt zwar noch von den fast erwachsenen Kindern genutzt, doch war absehbar, dass es in naher Zukunft für die Eltern frei werden würde. Die wollten sich darin eine kompakte Wellnessoase schaffen, weshalb sie sich für die Integration einer Sauna entschieden. Wichtig war ihnen eine reduzierte, klare Formsprache ohne Schnick-Schnack – durchgängig für Bad und Sauna. Eine Standardkabine kam nicht in Frage, auch aufgrund der baulichen Gegebenheiten, da die Sauna unter einer Dachschräge platziert wurde. So bekam auch sie ein partielles Schrägdach, inklusive angepasster Ganzglasfront mit integrierter Glastüre. Die Massivholzkabine selbst besteht aus nahezu astfreier bayerischer Fichte, die Blockbohlen der Wand- und Deckenelemente sind 57 Millimeter stark. Ein umlaufendes Sockel- und Kranzprofil konturiert die einzelnen Elemente und schafft eine schöne Struktur. Trotz kompakter Abmessungen bietet die Sauna Espenholz-Liegeflächen auf zwei Ebenen, sie führen die helle Farbgebung nahtlos fort. Ein zentral platzierter Infrarot-Anwenderplatz sorgt auf der oberen Liege für zusätzliche Tiefenwärme, während ein Edelstahl-Kombisaunaofen mit integrierter Verdampferwanne verschiedene Saunaformen bereitstellt. Gegenüber der Sauna befindet sich ein ebenfalls an die Dachschräge angepasster, raumhoch mit Großformatfliesen verkleideter Duschbereich, der wie der Waschtisch von Mobiltesino mit „Rettangolo“-Armaturen von Gessi ausgestattet ist.

WAS DIESES SAUNA-DESIGN BESONDERS MACHT:

In einem Wohnhaus in Bretten wurde der Dachboden vollständig neu ausgebaut und zu einem großzügigen Bad mit Wellness-Charakter umgestaltet. Die Planung und Umsetzung übernahm das Team von Rund ums Haus, das die räumlichen Gegebenheiten unter der Dachschräge nutzte, um eine integrierte Sauna in der Zimmerecke zu platzieren. Ihre äußere Gestaltung fügt sich unauffällig in das Raumkonzept ein: Eine Außenwand ist in einem grauen Farbton gehalten, ebenso die schmale Türfront, während die rechte Wand mit einem botanischen Funktionsflächentextil versehen ist. Dieses umschließt zugleich die angrenzende, offen begehbare Duschnische, wodurch ein einheitliches Bild entstand. Im Inneren bietet die Sauna „Baleo" von Röger trotz kompakter Grundfläche zwei Liegeflächen und einen zusätzlichen Sitzplatz. Der schlanke Saunaofen ist in einen schützenden Holzkäfig integriert, der ihn dezent verbirgt. Eine indirekte Beleuchtung im hinteren Bereich der Sauna sorgt für eine ruhige Atmosphäre. Der Boden aus Feinsteinzeugfliesen setzt sich ohne Übergang von der Badfläche in die Kabine fort und verbindet die Bereiche optisch. Die Sauna bildet damit einen funktionalen Bestandteil des neu geschaffenen Wellnessbads, das durch die unter der Schräge eingepasste Konstruktion optimal genutzt wird.

DESIGN-DETAIL:

Ein schlanker Saunaofen sorgt für Freiraum in der kompakten Saunakabine, der dort aufgrund der Dachschräge besonders kostbar ist. So ließ sich zu den zwei Liegeflächen auch ein ergänzender Sitzplatz neben dem Ofen schaffen.

IMMOBILIE/ORT:
Wohnhaus in Bretten

SAUNA-DESIGNER:
Rund ums Haus GmbH
Salinenstraße 34
74177 Bad Friedrichshall

KONTAKT:
Tel. +49 (0)7136 968790
info@ruh-gmbh.com
www.ruh-gmbh.com

WEITERE BETEILIGTE:
Sauna: Röger
Duscharmatur: Hansgrohe
Armaturen: Frattini
Wandfarbe: Painting the Past
Funktionsflächentextil: FFT
Designheizkörper: HSK
Duschausstattung: Hansgrohe
Waschtischkonsole: Natural Goods Berlin
Aufsatzwaschbecken: Spa Ambiente
Badewanne: Mauersberger
Wandleuchte: SLV

Fotos: Rainer Rehna Foto & Design

DESIGN-DETAIL:
Die offen begehbare Duschanlage ist dank ihres Duschpaneels nicht nur ein Highlight bei der täglichen Körperpflege – es sorgt auch für die spritzige Abkühlung zwischen den Saunagängen. Der Weg ist kurz, der schmale Durchgang sorgt dafür.

WAS DIESES SAUNA-DESIGN BESONDERS MACHT:

In Buchen-Hettingen wurde ein bestehendes Badezimmer zu einem privaten Wellnessbereich umgestaltet, dessen Mittelpunkt die neu integrierte Sauna bildet. Sie befindet sich im ehemaligen Nebenraum, der nun über eine Glasschiebetür direkt vom Bad aus erreichbar ist. Die ausführende Firma Rund ums Haus plante und realisierte die gesamte Umgestaltung und sorgte für die harmonische Einbindung der Sauna in den erweiterten Grundriss. Die Kabine füllt den Raum auf der einen Seite des Durchgangs bis knapp unter dessen Dachschräge, unter der zwei gepolsterte Ruheliegen Platz fanden. Die verputzte Außenhülle der Sauna hat ebenfalls eine Abschrägung, in der die Eingangstür integriert ist. Links der Tür befindet sich die Saunasteuerung, rechts ein schmaler Fensterstreifen in Richtung des Durchgangs. Innen ist die Sauna der Firma Klafs mit rustikalem, heimischem Holz ausgekleidet, dessen ausdrucksstarke Maserung und Astlöcher den Charakter prägen. Die über Eck angeordneten Bänke bestehen aus hellem Holz mit gleichmäßiger Oberfläche. Ein zusätzlicher Infrarotstrahler, ebenfalls von Klafs, ist auf einer der Bänke integriert und ermöglicht eine punktgenaue Erwärmung des Rückenbereichs. Der gewählte Saunaofen unterstützt unterschiedliche Badeformen vom finnischen Trockensaunaklima bis zum Softdampfbad. Die Kombination aus Materialien, Raumaufteilung und technischer Ausstattung sorgt dafür, dass sich die Sauna besonders harmonisch in das neue Wellnessbad einfügt.

IMMOBILIE/ORT:
Wohnhaus in Buchen-Hettingen

SAUNA-DESIGNER:
Rund ums Haus GmbH
Salinenstraße 34
74177 Bad Friedrichshall

KONTAKT:
Tel. +49 (0)7136 968790
info@ruh-gmbh.com
www.ruh-gmbh.com

WEITERE BETEILIGTE:
Sauna: Klafs
Dusche: HSK
Fliesen: Taxis
Heizkörper: Kermi
Badewanne, Waschtisch: Repabad
Vinyboden in Holzoptik: Krauss
Armaturen: Hansgrohe, Carlo Frattini
Möbel: Mobiltesino
Spiegelschrank: Emco
Holzrollo: Mare

DESIGN-DETAIL:
Die Saunasteuerung mit Display ist einfach gehalten und sehr dezent. Dem Thema entsprechend ziert sie ein Rahmen aus Holz, der ihr zudem eine charmante Note verleiht – das technische Gerät wird dadurch zum kleinen Kunstwerk.

WAS DIESES SAUNA-DESIGN BESONDERS MACHT:

Das kleine Wohnhaus in Heilbronn, in dem sich heute dieses Wellnessbadezimmer befindet, wurde vor einigen Jahren von einem Zweifamilien- zu einem Einfamilienhaus umgebaut. Ein altes Badezimmer im Obergeschoss beließen die Hausherren zunächst einmal in seinem Zustand, ebenso wie das Kinderzimmer daneben. Die Räume wurden schlichtweg nicht benötigt. Doch mit der Zeit wuchs der Wunsch, die beiden Zimmer für ein neues Wellnessbad zu vereinen. Die Planung und Umsetzung übernahm der Badspezialist Rund ums Haus aus Bad Friedrichshall, der das frühere Bad vollständig in eine Sauna verwandelte. Sichtbar nach außen ist lediglich die gerahmte Glastür, über die die Kabine betreten wird, zudem blieb ein Fenster ins Freie erhalten. Die Sauna von Saunalux zeigt sich im Inneren modern und mit hellen, astlochfreien Hölzern ausgekleidet, die eine ruhige Oberfläche erzeugen. Die LED-Beleuchtung ermöglicht eine farblich variable Lichtstimmung und unterstützt das warme Saunaklima. Dem kompakten Grundriss entsprechend wurden die Flächen effizient genutzt, sodass die Kabine einen klar strukturierten Innenraum bietet. Ihre Integration bildet den Kern des neu entstandenen Wellnessbads, dessen restliche Ausstattung, von Badmöbeln über Armaturen bis hin zur Duschzone, im umfunktionierten ehemaligen Kinderzimmer Platz fand.

IMMOBILIE/ORT:
Wohnhaus in Heilbronn

SAUNA-DESIGNER:
Rund ums Haus GmbH
Salinenstraße 34
74177 Bad Friedrichshall

KONTAKT:
Tel. +49 (0)7136 968790
info@ruh-gmbh.com
www.ruh-gmbh.com

WEITERE BETEILIGTE:
Sauna: Saunalux
Badmöbel: Pfeiffer & May
WC: Nordholm
Badaccessoires: Avenarius
Fliesen: Taxis
Armaturen, Brausen: Frattini
Designheizkörper, Duschtrennwand: HSK
Bodenablaufpumpe: Jung
Einbaustrahler: LED-Arena
Badewanne: Repabad
Lichtspiegel: Geberit

Foto aus einer Villa in Schmitten. Die Sauna dazu finden Sie auf Seite 130.

DIE SCHÖNSTEN SAUNA-DESIGNS

DIE SAUNA IM FREIEN

Foto von einem Seeanwesen in Bayern. Die Sauna dazu finden Sie auf Seite 152.

DESIGN-DETAIL:
Eine pragmatische Möglichkeit, mit der Hanglage eines Grundstücks umzugehen – die für den holzbeheizten Ofen benötigten Scheite werden direkt neben der Sauna auf Maß gesägt und anschließend dekorativ unter ihrem Plateau gestapelt.

WAS DIESES SAUNA-DESIGN BESONDERS MACHT:

Auf einem leicht abschüssigen Seegrundstück in Finnland wurde diese Gartensauna in Ufernähe neu errichtet und bewusst etwas erhöht positioniert. Sie ersetzt eine in die Jahre gekommene Vorgängersauna aus den 1950er-Jahren und greift deren Bedeutung als zentraler Ort des Saunarituals neu auf. Das Saunahaus ist von großzügigen Terrassenflächen umgeben, die vielfältig genutzt werden können und durch ein geneigtes Flachdach wettergeschützt sind. Ein Teil der Terrasse lässt sich mithilfe verstellbarer Segeltuchwände als Vorraum schließen und dient dem Umkleiden oder dem Aufenthalt zwischen den Saunagängen. Die Architektur des Ensembles zeigt sich modern und offen, während der eigentliche Saunaraum bewusst reduziert und geschlossen ausgeführt ist. Mit einer Grundfläche von rund 7,5 Quadratmetern bietet er Platz für bis zu acht Personen und ist in seinen Proportionen konsequent auf ein intensives finnisches Löyly-Erlebnis (intensive Aufgüsse) ausgelegt. Herzstück ist ein groß dimensionierter, holzbefeuerter Saunaofen mit etwa 400 Kilogramm Saunasteinen, dessen Höhe und Position exakt auf die Sitzebenen abgestimmt wurden. Die untere Bank liegt auf Höhe der Ofenoberkante, um eine gleichmäßige Wärmeverteilung bis in den Fußbereich zu gewährleisten, während die obere Bank mit präzisem Abstand zur Decke angeordnet ist. Dunkel getönte Holzoberflächen an den Wänden unterstützen die Wärmespeicherung und Feuchteaufnahme, während Boden, Decke und Rückwand mit dem gleichen Hartholz wie die Terrassen ausgeführt sind. Zwischen den Saunagängen ermöglichen der direkte Zugang zum See oder zur winterlichen Schneelandschaft eine unmittelbare Abkühlung, wodurch Architektur und Saunaritual eine enge Verbindung eingehen.

IMMOBILIE/ORT:
Seegrundstück in Finnland

SAUNA-DESIGNER:
ALA Architects
www.ala.fi

WAS DIESES SAUNA-DESIGN BESONDERS MACHT:

Der Natur nahe sein, sie im Laufe der Jahreszeiten beobachten und dabei kaum zu stören – dieser Spagat gelang im Garten eines Einfamilienhauses in Hamburg. Im Zuge dessen Neubaus sollte auch gleich der gemütliche Familiengarten und eine Außensauna im Eigenbau entstehen. Zur gartenplanerischen Unterstützung haben sich die Hausherren fachmännische Hilfe geholt – Anneli Wilska, eine finnische Gartengestalterin mit Sitz in Hamburg, half gerne. Die Hausherren wollten von Anfang an, dass die Außensauna teilweise in die Erde abgesenkt wird, damit die Sicht vom Wohnhaus nicht behindert wird. Daraus entstand die Idee, einen ganzen Saunagartenbereich in einer tieferen Ebene zu gestalten, der von dem übrigen Garten getrennt ist. Mit Bodenmodellierungen wurde eine längliche Senke erstellt, die von der Sauna bis zum Naturteich mit Grillplatz an der hinteren Gartengrenze führt – sie liegt ungefähr einen Meter tiefer als das Haus. Nur wenige Meter sind es von dessen Hauptterrasse bis zum kleinen Saunahaus, das sich heute harmonisch in den Garten integriert hat. Als Abgrenzung zwischen dem Hauptgarten und dem Saunabereich fungieren eine Natursteinmauer sowie eine bepflanzte Böschung, welche die Sauna zudem vor unerwünschten Einblicken schützt. Der Ausblick aus der Sauna öffnet sich allerdings großflächig in Richtung eines schönen Gräsergartens mit Holzpfad. Die Saunaeinrichtung ist schlicht – und heimelig, vor allem bei einem langen und milden Aufgussdampf aus dem elektrischen „Hive"-Saunaofen von HUUM.

DESIGN-DETAIL:
Es wurde nicht nur die Sauna, sondern ein ganzer Gartenbereich tiefergelegt. Dadurch wirkt das Saunahaus, als wäre es mit dem Garten verwachsen. Dank der Glasflächen ist man beim Saunieren am Puls der Natur – zu jeder Jahreszeit.

IMMOBILIE/ORT:
Einfamilienhaus in Hamburg

GARTENDESIGN:
Anneli Wilska
Gestaltung von Gärten und Außenanlagen
22587 Hamburg

KONTAKT:
post@wilska-garten.de
www.wilska-garten.de

WEITERE BETEILIGTE:
HUUM OÜ
Vahi tee 9
EST-60534 Tartu vald

KONTAKT:
info@huum.eu
www.huum.eu

Fotos: Michal Stehlík

DESIGN-DETAIL:
Außensaunen mit Flachdach bieten das Potenzial, das Saunaerlebnis noch um eine weitere entspannende Komponente zu ergänzen – ganz einfach durch eine gemütlich gestaltete Dachterrasse. Hier dient sie dem Müßiggang mit Blick ins Grüne.

WAS DIESES SAUNA-DESIGN BESONDERS MACHT:

In einem stillgelegten Steinbruch in der tschechischen Region Vysocina wurde diese außergewöhnliche schwimmende Sauna realisiert, deren Gestaltung unmittelbar aus dem abgeschiedenen, fast surrealen Ort heraus entwickelt wurde. Die Sauna liegt als ruhender Körper auf dem Wasser des ehemaligen Steinbruchs und erhält durch einen umlaufenden Laubengang eine ausgewogene, klare Proportion. Dieser Laubengang ist aus feinen Lärchenholzelementen gefertigt und erweitert die eigentliche Saunakabine um eine begehbare Ebene, die den schwimmenden Bau umfließt und das Erlebnis auf dem Wasser intensiviert. Mit der Zeit verändert die unbehandelte Lärche ihre Farbe und verleiht der Sauna eine immer stärkere Einbindung in die raue Umgebung des Steinbruchs. Beheizt wird die Sauna traditionell mit Holz, was den archaischen Charakter des Ortes unterstreicht. Die abgelegene Lage stellte hohe Anforderungen an Konstruktion und Logistik, weshalb der Schwimmkörper als leichter, segmentierter Rahmen ausgeführt wurde, der ohne schwere Maschinen transportiert und montiert werden konnte. Die Holzkonstruktion der Sauna und des Laubengangs sorgt für eine gleichmäßige Gewichtsverteilung auf dem Wasser. Außen kommt tschechische Lärche zum Einsatz, im Inneren Fichtenholz, das eine ruhige, warme Atmosphäre schafft. Der Zugang erfolgt über eine Felsplattform, die auf die Dachterrasse des schwimmenden Holzbaus führt. Von dort gelangt man über eine Treppe hinab zum umlaufenden Laubengang und kann die Sauna vollständig umrunden. Es eröffnet sich ein intensives Saunaerlebnis zwischen Wasser, Fels und Landschaft – einfach direkt am Puls der grünen Natur.

IMMOBILIE/ORT:
Ehemaliger Steinbruch in Vysočina, Tschechien

SAUNA-DESIGNER:
atelier HRA
www.atelierhra.cz

WAS DIESES SAUNA-DESIGN BESONDERS MACHT:

Diese Outdoor-Sauna befindet sich auf einem Seegrundstück in Tartu in Estland und wurde von Auroom realisiert. Es handelt sich um das Modell „Kaia“, eine kompakt konzipierte Sauna mit kubischer Grundform, die aus vorgefertigten Modulen aufgebaut ist. Gefertigt wurde sie aus Thermoholz von Thermory, wobei im Innenraum thermo-modifizierte Espe zum Einsatz kommt und außen thermobehandelte Fichte verwendet wurde. Die Sauna verfügt über einen kleinen, überdachten Vorplatz mit Handtuchhaken, der den Übergang zwischen Außen- und Innenraum markiert. Im Inneren ist auf einer Seite eine Saunabank angeordnet, während die gegenüberliegende Wand von einem großen, runden Bullauge geprägt wird. Dieses besteht ebenso wie die Eingangstür aus getöntem Glas und öffnet gezielt den Blick in die Umgebung. Beheizt wird die Sauna mit einem Ofen von Tylö. Das Modell „Kaia“ entstand aus einer engen Zusammenarbeit zwischen Auroom und einem langjährigen japanischen Partner und überträgt das modulare Prinzip aus dem Designsaunabereich erstmals auf die traditionelle Bauweise einer Fasssauna. Eine speziell entwickelte, thermisch behandelte Holzprofilierung ermöglicht es, den Innenraum ähnlich wie eine Wandverkleidung zu gestalten und neue gestalterische Ausdrucksformen umzusetzen. Durch die modulare Konstruktion kann die Sauna innerhalb kurzer Zeit montiert werden und bietet zugleich Spielraum für unterschiedliche architektonische Varianten, einschließlich dieser kantigen Ausformung, die die klassische Fassform neu interpretieren soll.

DESIGN-DETAIL:
In der Verarbeitung ist diese Gartensauna einer traditionellen Fasssauna nachempfunden, optisch ähnelt sie ihr aber nicht. Das runde Fenster kann aber durchaus als Hommage an die Fassform gesehen werden.

IMMOBILIE/ORT:
Seegrundstück in Tartu, Estland

SAUNA-DESIGNER:
Auroom OÜ
Vana-Kastre
EST-62313 Tartumaa

KONTAKT:
Tel. +371 (0)2663 5755
barrels@auroomwellness.com
www.auroomwellness.com

WEITERE BETEILIGTE:
Saunamaterial: Thermory
Saunatechnik: Tylö

DESIGN-DETAIL:
Dank der geringen Bauhöhe des leistungsstarken FinTec-Ofens konnte der Wunsch eines holzbefeuerten Saunaerlebnisses Realität werden. Auch optisch macht das mit großer Steinmasse befüllte Saunaherzstück eine gute Figur.

WAS DIESES SAUNA-DESIGN BESONDERS MACHT:

In Hirschberg wurde diese außergewöhnliche Sauna in Eigenleistung des Hausherren realisiert und direkt in einen bestehenden steilen Steinhang integriert. Die kompakte, igluartige Bauform ruht auf einem vorhandenen Fundament und öffnet sich mit einer vollständig verglasten Stirnseite zur Landschaft, wodurch ein freier Blick über die umliegenden Baumwipfel entsteht. Diese architektonische Entscheidung prägt das Saunieren ebenso wie die besonderen baulichen Rahmenbedingungen, die bei Planung und Ausführung zu berücksichtigen waren. Die geringe lichte Höhe im Ofenbereich sowie die eingeschränkten Platzverhältnisse schlossen den Einsatz herkömmlicher holzbefeuerter Saunaöfen aus und stellten hohe Anforderungen an Brandschutz und Technik. Gleichzeitig führte die großflächige Verglasung zu einem erhöhten Energiebedarf, der eine leistungsstarke und zugleich kompakte Feuerstätte erforderte. Zum Einsatz kam daher ein Holz-Saunaofen von FinTec mit einer außergewöhnlich hohen Steinmasse von rund 280 Kilogramm, der trotz geringer Abstände und niedriger Bauhöhe eine gleichmäßige Wärmeabgabe ermöglicht. Die große Steinmenge sorgt für stabile Temperaturen und lang anhaltende Aufgüsse. Das Zusammenspiel aus spezieller Ofentechnik, angepasster Konstruktion und sorgfältiger Planung führte zu einer Sauna, die trotz komplexer Bedingungen funktional, sicher und gestalterisch überzeugend umgesetzt wurde.

IMMOBILIE/ORT:
Garten in Hirschberg

SAUNA-DESIGNER:
FinTec Sauna- und Wellnesstechnik GmbH
Ottostraße 15
95213 Münchberg

KONTAKT:
Tel. +49 (0)9251 8997850
kontakt@fintec.de
www.fintec.de

HALJAS HOUSES | ESTLAND

WAS DIESES SAUNA-DESIGN BESONDERS MACHT:

Auf einem weitläufigen Waldgrundstück in Estland wurde mit der designpreisprämierten Außensauna „Hele" von Haljas ein freistehender Saunabau realisiert, der durch seine oktogonale Grundform und eine ungewöhnliche Fassadengestaltung auffällt. Die Außenhülle besteht nämlich aus komplett verspiegelten Flächen, die das Umfeld reflektieren und die Sauna optisch mit der Landschaft verschmelzen lassen. Gleichzeitig ermöglicht die Verglasung von innen eine umlaufende 360-Grad-Aussicht, während Einblicke von außen ausgeschlossen bleiben und so ein geschützter Rückzugsraum bereitsteht. Im Inneren ist die Kabine mit einer umlaufenden Sitzlandschaft versehen – eine etwas mehr als halbrunde Bank bildet den gemütlichen, auf Kommunikation ausgelegten Aufenthaltsbereich und wird nur im Eingangssegment unterbrochen. Dort sind auf der einen Seite praktische Ablagen integriert, auf der anderen ragt der holzbefeuerte Saunaofen „Hive Flow Mini" von HUUM hoch auf, der als technisches Zentrum der Anlage dient und zudem ein weiteres optisches Highlight setzt. Die Sauna bietet zwei Höhenniveaus, wodurch unterschiedliche Sitzpositionen möglich sind. Eine indirekte LED-Beleuchtung unterhalb der oberen Bank sorgt für stimmungsvolles Flair in den Abend- und Nachtstunden.

DESIGN-DETAIL:

Die Designgartensauna macht sich gekonnt unsichtbar – ihre achteckig angeordneten Spiegelwände nehmen die Umgebung auf und vermitteln Grundstückstiefe. Gleichzeitig lassen sie im Sinne der Privatsphäre keinerlei Einblicke zu.

IMMOBILIE/ORT:
Waldgrundstück in Estland

SAUNA-DESIGNER:
Haljas Houses OÜ
Tähe 135g
EST-50109 Tartu

KONTAKT:
info@haljas.com
www.haljas.com

WEITERE BETEILIGTE:
HUUM OÜ
Vahi tee 9
EST-60534 Tartu vald

KONTAKT:
info@huum.eu
www.huum.eu

DESIGN-DETAIL:
Liebevolle Details prägen das Bild dieser eigenständigen Sauna – sie bekam etwa eine Außenleuchte aus Messing, die aus der See geborgen wurde und dadurch eine Geschichte erzählt. Aber auch die Schindeln dahinter sorgen für Flair.

WAS DIESES SAUNA-DESIGN BESONDERS MACHT:

Im amerikanischen New England entstand eine Waldsauna, die von Harbor Saunas als eigenständiger Rückzugsort in eine ruhige, von Bäumen umgebene Landschaft integriert wurde. Die Anlage ist so positioniert, dass sie die wechselnden Jahreszeiten unmittelbar erlebbar macht und den Saunagang mit dem Blick in die Natur verbindet. Gestalterisch orientiert sich das Modell „Lighthouse Sauna" an funktionalen Küstenbauten, wie sie sowohl im Nordosten der USA als auch in Skandinavien zu finden sind, und überträgt deren klare Zweckform in eine moderne Saunastruktur. Die Außenhülle ist mit thermisch modifizierter Esche verkleidet, die mit der Zeit eine silbrig verwitterte Patina ausbildet. Ergänzt wird die Fassade durch Zedernholzschindeln sowie ein Stehfalzblechdach, das die architektonische Anmutung weiter schärft. Messingdetails setzen gezielte Akzente, darunter eine geborgene maritime Leuchte am Eingangsbereich sowie Beschläge in antikem Messington. Für das Saunaklima sorgt ein „Hive"-Saunaofen von HUUM mit elf Kilowatt Leistung, der den mit Dämmung und Dampfsperre versehenen Innenraum erhitzt. Rundum angeordnete Glasflächen öffnen den Saunaraum nach allen Seiten und schaffen eine immersive Verbindung zum Wald, die sich je nach Licht, Wetter und Jahreszeit verändert.

IMMOBILIE/ORT:
Waldstück in New England, USA

SAUNA-DESIGNER:
Harbor Saunas
info@harborsaunas.com
www.harborsaunas.com

WEITERE BETEILIGTE:
HUUM OÜ
Vahi tee 9
EST-60534 Tartu vald

info@huum.eu
www.huum.eu

Fotos: João Carranca

DESIGN-DETAIL:
Liebevolle Details prägen das Bild dieser eigenständigen Sauna – sie bekam etwa eine Außenleuchte aus Messing, die aus der See geborgen wurde und dadurch eine Geschichte erzählt. Aber auch die Schindeln dahinter sorgen für Flair.

WAS DIESES SAUNA-DESIGN BESONDERS MACHT:

Im amerikanischen New England entstand eine Waldsauna, die von Harbor Saunas als eigenständiger Rückzugsort in eine ruhige, von Bäumen umgebene Landschaft integriert wurde. Die Anlage ist so positioniert, dass sie die wechselnden Jahreszeiten unmittelbar erlebbar macht und den Saunagang mit dem Blick in die Natur verbindet. Gestalterisch orientiert sich das Modell „Lighthouse Sauna" an funktionalen Küstenbauten, wie sie sowohl im Nordosten der USA als auch in Skandinavien zu finden sind, und überträgt deren klare Zweckform in eine moderne Saunastruktur. Die Außenhülle ist mit thermisch modifizierter Esche verkleidet, die mit der Zeit eine silbrig verwitterte Patina ausbildet. Ergänzt wird die Fassade durch Zedernholzschindeln sowie ein Stehfalzblechdach, das die architektonische Anmutung weiter schärft. Messingdetails setzen gezielte Akzente, darunter eine geborgene maritime Leuchte am Eingangsbereich sowie Beschläge in antikem Messington. Für das Saunaklima sorgt ein „Hive"-Saunaofen von HUUM mit elf Kilowatt Leistung, der den mit Dämmung und Dampfsperre versehenen Innenraum erhitzt. Rundum angeordnete Glasflächen öffnen den Saunaraum nach allen Seiten und schaffen eine immersive Verbindung zum Wald, die sich je nach Licht, Wetter und Jahreszeit verändert.

IMMOBILIE/ORT:
Waldstück in New England, USA

SAUNA-DESIGNER:
Harbor Saunas
info@harborsaunas.com
www.harborsaunas.com

WEITERE BETEILIGTE:
HUUM OÜ
Vahi tee 9
EST-60534 Tartu vald

info@huum.eu
www.huum.eu

IMMOBILIE/ORT:
Inselanwesen im Stockholmer Schärengarten, Schweden

SAUNA-DESIGNER:
Matteo Foresti
www.matteoforesti.com

DESIGN-DETAIL:
Die freistehende Sauna fügt sich vor allem durch ihre schwarze Außenhülle bestens in ihr Umfeld ein, verschmilzt ab der Dämmerung gar mit dem dahinterliegenden Wald. Nur die Innenbeleuchtung sticht hervor und inszeniert den puristischen Innenraum.

WAS DIESES SAUNA-DESIGN BESONDERS MACHT:

Auf einem Inselanwesen im Stockholmer Schärengarten entstand diese zurückhaltend gestaltete Sauna als Teil eines fein abgestimmten Ensembles aus Villa, Technikbauten und Gästehaus mit Fitnessraum. Zwischen zwei sanften Hügeln und nur wenige Meter vom Wasser entfernt positioniert, ruht der Baukörper auf einer kleinen, ebenen Fläche mit niedriger Vegetation und fügt sich nahezu unmerklich in die unberührte Landschaft ein. Die Wahl des Standorts folgte dem Anspruch, den Eingriff in die Natur so gering wie möglich zu halten. Entsprechend leicht wirkt auch die Konstruktion: Eine filigrane Holzbauweise mit außenliegenden Paneelen aus schwarzer, wärmebehandelter Kiefer und einem ruhigen, klaren Innenraum aus Espenholz-Lamellen prägt das moderne Erscheinungsbild. Die Sauna sitzt behutsam auf dem Gelände, ohne es visuell zu dominieren. Im Inneren herrscht eine reduzierte, fast meditative Atmosphäre, die bewusst auf Ablenkung verzichtet. Eine großflächige Frontverglasung öffnet den Blick direkt auf das Wasser und macht die wechselnden Lichtstimmungen, das Spiel der Wellen und die Weite des Schärengartens zum integralen Bestandteil des Saunierens. Die Natur wird so nicht nur Kulisse, sondern aktiver Teil des Erlebnisses. Abgerundet wird das Ritual durch den direkten Zugang zur Ostsee – über eine elegant geführte Holztreppe gelangen die Hausherren von der Felskante hinab zum Wasser und können zwischen den Saunagängen unmittelbar in der freien Natur abkühlen.

Fotos: Leonardo Finotti

DESIGN-DETAIL:
Wie aus einem Guss zeigt sich die Saunaeinrichtung mit Liegeflächen auf zwei Ebenen – breite, astlose Ayous-Bretter bilden das reduzierte und doch so imposante Interieur. Die große Glasfläche ist in einen blickgeschützten Gartenteil gerichtet.

WAS DIESES SAUNA-DESIGN BESONDERS MACHT:

Inmitten der malerischen Landschaft des Taunus realisierte MaxxPools eine moderne Gartensauna, die als eigenständiger Rückzugsort für bis zu vier Personen konzipiert ist. Die freistehende Anlage fügt sich mit ihrer klaren Formensprache nahtlos in die Gartenlandschaft ein und setzt auf eine reduzierte, zeitgemäße Gestaltung. Großzügige Fensterelemente öffnen den Innenraum in Richtung einer erhöhten Terrasse, die sich die Sauna mit einem bodeneben eingelassenen Whirlpool teilt. Zudem lassen sie viel Tageslicht ins Saunainnere einfallen. Die Materialwahl aus Holz und Glas prägt den Charakter der Sauna und bestimmt zugleich ihre ruhige Raumwirkung. Im Inneren ist die Kabine mit komfortablen Liegeflächen ausgestattet, die auf entspannte Aufenthalte ausgelegt sind. Statt eines freistehenden Saunaofens kommt ein Hinterwandofen zum Einsatz, der für ein angenehmes Temperaturgefühl sorgt und den kompakten Aufbau unterstützt. Ergänzt wird die Technik durch ein abgestimmtes Belüftungskonzept, das ein konstantes Raumklima ermöglicht. Die Ausführung erfolgte in Zusammenarbeit mit dem Saunabauer Erk, der für die technische Umsetzung und die Detailausarbeitung verantwortlich war. Die Gartensauna zeigt sich damit als funktional klar strukturierter Baukörper, der sich bewusst auf das Wesentliche konzentriert und den Garten um einen dauerhaft nutzbaren Wellnessraum ergänzt.

IMMOBILIE/ORT:
Villa in Schmitten

SAUNA-DESIGNER:
MaxxPools GmbH
Am Steinacker 15b
61194 Niddatal

KONTAKT:
Tel. +49 (0)6187 992302
kontakt@maxxpools.de
www.maxxpools.de

WEITERE BETEILIGTE:
Erk Sauna
ES-Design GmbH & Co. KG
Westerburger Weg 45
26203 Wardenburg

InsideOut Gartendesign
Dipl. Ing. Jörg Schnabel
Garten- & Landschaftsarchitekt (AKH)
Hohe Brück 9
60437 Frankfurt am Main

WAS DIESES SAUNA-DESIGN BESONDERS MACHT:

In den dicht bewaldeten Hängen oberhalb des Mont-Tremblant-Tals in Kanada wurde die Sauna eines modernen Domizils als eigenständiger, architektonisch präzise durchdachter Rückzugsort realisiert. Über eine in den Hang geschnittene, gewundene Treppe gelangen die Hausherren vom Wohnhaus hinab zu der Gartensauna, die formal als verkleinerte Replik des Hauptgebäudes gestaltet ist und dessen klare Geometrie konsequent fortführt. Auch hier prägt die enge Verbindung zur Natur das Erlebnis: Die Sauna öffnet sich gezielt zur Landschaft und bindet den Wald visuell in das Saunieren ein. Gefertigt aus nachhaltig gewonnenen Hölzern fügt sich der Baukörper harmonisch in das Gelände ein und altert bewusst im Einklang mit seiner Umgebung. Die Sauna ist auf die ursprüngliche Art des Wellnessrituals ausgelegt, das den bewussten Wechsel von Hitze, Kälte und Ruhe in den Mittelpunkt stellt. Direkt angrenzend befindet sich eine Außendusche für kalte Güsse nach dem Saunagang, ergänzt durch frei aufgehängte Hängematten, die zum Ruhen zwischen den Anwendungen einladen. Auf diese Weise eröffnet sich ein reduziertes, naturverbundenes Saunaerlebnis, das Entschleunigung fördert und den Rückzug aus dem Alltag unterstützt. Die Sauna ist zwar freistehend am Ende des Gartens, jedoch nicht als isoliertes Element gedacht, sondern als integraler Bestandteil der umgebenden Landschaft.

DESIGN-DETAIL:

Die Natur sah einen idealen Platz für die Sauna vor. Während das Wohnhaus in einer großen Lichtung errichtet wurde, war ein weiteres kleines Plateau auf dem Hanglagegrundstück prädestiniert für die Gartensauna. Direkt hinter ihr geht es steil hinab.

IMMOBILIE/ORT:

Waldhaus in La Conception, Kanada

SAUNA-DESIGNER:

Ménard Dworkind architecture & design
www.menarddworkind.com

IMMOBILIE/ORT:
Modernes Haus in Mänttä, Finnland

SAUNA-DESIGNER:
Mendoza Partida
www.mendozapartida.com

Fotos: Marc Goodwin

DESIGN-DETAIL:
Es gehört mit zum Saunaerlebnis, zunächst vom Umkleidebereich durch eine Art Patio zu laufen, bevor eine massive Holztüre den Zugang in die runde Sauna eröffnet. Von außen gibt sich diese verschlossen, was die Neugierde auf den Innenraum weckt.

WAS DIESES SAUNA-DESIGN BESONDERS MACHT:

Diese Sauna ist Teil eines modernen, segmentiert aufgebauten Kulturbauwerks, dem Gösta Serlachius Museum in Mänttä in Finnland. Sie bildet als runder Turm ein besonders prägendes architektonisches Element innerhalb des Ensembles. Als sogenannte „Art Sauna" versteht sie sich nicht nur als Ort des Saunierens, sondern als atmosphärische Fortsetzung eines räumlichen Erlebnisses, in dem Landschaft, Architektur und Kunst eng miteinander verwoben sind. Der Weg zur Sauna ist bewusst inszeniert und führt sanft durch die Topografie des Geländes hinab zu einem See, wobei sich mehrere Baukörper nahezu selbstverständlich aus dem Terrain entwickeln. Massive Wände aus Naturstein und strukturiertem Beton verankern das Gebäude im Boden und formen zugleich geschützte Höfe, die Licht, Ausblicke und Kunstwerke in den Ablauf des Besuchs integrieren. Anders als bei klassischen Grundrissen gelangt man nicht direkt vom Umkleidebereich in den Saunaraum, sondern durchläuft zunächst einen offenen, hofartigen Übergangsraum, der den Wechsel von außen nach innen zelebriert. Der eigentliche Saunaraum ist als zylindrischer Kern ausgeführt und erzeugt durch seine Geometrie eine intime, gemeinschaftliche Atmosphäre. Holzprofile prägen Sitzflächen, Wandverkleidungen und Blickachsen gleichermaßen und lenken den Fokus gezielt auf den See und den Horizont. Großzügige Terrassenflächen öffnen sich angrenzend zum Wasser hin und erweitern den Saunagang ins Freie.

WAS DIESES SAUNA-DESIGN BESONDERS MACHT:

In einem Privatgarten in Rheinland-Pfalz realisierte die Nordö Saunabau Manufaktur eine moderne Außensauna, die als klarer, anthrazitfarbener Kubus ausgeführt ist und neben der Saunakabine auch ein kleines Bad mit Dusche integriert. Die Fassade besteht aus Trespa-Platten, die sich durch ihre Widerstandsfähigkeit gegenüber UV-Strahlung, Feuchtigkeit und Temperaturschwankungen gut für den Einsatz im Außenbereich eignen. Großzügige Verglasungen binden den Garten in das Saunaerlebnis ein: Die Frontseite des Saunaraums ist vollständig verglast, während im vorgelagerten Duschbereich eine rahmenlose Glasecke den Blick nach außen freigibt. Sogar die Eingangstüre ist mit einer großflächigen Verglasung ausgestattet. Die Aluminiumprofile der Verglasungen sind verdeckt montiert, wodurch nahezu fugenlose Übergänge entstehen und die kubische Form betont wird. Im Innenraum ist die Sauna vollständig mit Hemlock-Holz ausgekleidet, das auch im verbindenden Vorraum zwischen Dusche und Kabine an der Decke eingesetzt wurde. Lediglich der Boden bildet eine Ausnahme – in ihm sorgt eine Fußbodenheizung für einen komfortablen Übergang in den fugenlos gestalteten Duschbereich. Die Saunasteuerung mit Digitaldisplay ist im Vorraum platziert und zusätzlich in die KNX-Haussteuerung eingebunden, wodurch sich die Sauna komfortabel fernbedienen lässt.

DESIGN-DETAIL:

Was auf den flüchtigen Blick wie ein Lautsprecher wirkt, ist in Wirklichkeit ein Dampfgenerator, der für eine höhere Luftfeuchtigkeit und damit für ein schonenderes Saunaklima sorgt. Die indirekte Beleuchtung setzt den Dampf in Szene.

IMMOBILIE/ORT:
Privatgarten in Rheinland-Pfalz

SAUNA-DESIGNER:
Nordö Saunabau Manufaktur GmbH
Auf der Hohl 5
53547 Dattenberg

KONTAKT:
Tel. +49 (0)2644 3339
info@nordoe.de
www.nordoe.de

WEITERE BETEILIGTE:
Saunaofen: EOS

WAS DIESES SAUNA-DESIGN BESONDERS MACHT:

DESIGN-DETAIL:
Der Aufguss ist das Saunaerlebnis schlechthin, in dieser Sauna wird jedoch bereits die Wasserentnahme inszeniert. Per Drehrad bedient ergießt sich das Aufgusswasser aus einer imposanten schwarzen Armatur in den Kübel.

IMMOBILIE/ORT:
Seegrundstück in Ontario, Kanada

SAUNA-DESIGNER:
PARTISANS
www.partisans.com

Am nordwestlichen Rand einer Insel in der Georgian Bay in Ontario entstand mit der „Grotto Sauna" ein außergewöhnlicher privater Rückzugsort, der Architektur, Landschaft und Saunakultur eng miteinander verknüpft. Die Sauna ist direkt in den jahrmillionenalten Fels des kanadischen Schildes integriert und folgt dem Bild einer verborgenen Grotte – so erzählt sie von Schutz, Rückzug und Entschleunigung. Das bewusst zurückhaltende kubische Saunahaus aus karbonisiertem Zedernholz, gefertigt nach der traditionellen Shou-Sugi-Ban-Methode, fügt sich nahezu unsichtbar in die raue Insellandschaft ein und wirkt, als sei es seit jeher Teil dieses Fleckchens Erde. Im Inneren entfaltet sich ein skulptural geformter Saunaraum mit weich geschwungenen Holzoberflächen, die an vom Wasser geformte Felsen erinnern und zugleich die Wellenbewegungen des Lake Huron sowie die Erosion des umliegenden Gesteins zitieren. Die warm leuchtenden Zedernholzpaneele erzeugen ein intensives Lichtspiel und schaffen eine ruhige, fast meditative Atmosphäre, in der Hitze, Materialität und Raumwirkung zu einem ganzheitlichen Saunaerlebnis verschmelzen. Konstruktiv folgt das Projekt einem konsequent nachhaltigen Ansatz: Die Innenverkleidung besteht aus regionalem Zedernholz, das sowieso für den Wohnbau gerodet werden musste, sämtliche eingesetzten Materialien sind emissionsfrei, die Energieversorgung erfolgt über Solarstrom. Hochwertige Verglasungen und eine leistungsfähige Gebäudehülle sorgen für Effizienz selbst unter anspruchsvollen klimatischen Bedingungen.

WAS DIESES SAUNA-DESIGN BESONDERS MACHT:

Bunt geht es in diesem Garten im Raum Eppingen zu. Und auch in der Gartensauna und im Wohnhaus. Einen großen Anteil daran hat die detailreiche Farblichtgestaltung, die sich quer durch Haus und Garten zieht. Einen anderen stellen die expressiven Funktionsflächentextile dar, die zur Gestaltung speziell der Duschbereiche verwendet wurden. Realisiert wurden all diese Elemente von Rund ums Haus, die alle Wünsche der Hausherren in Einklang brachten. Die Sauna sollte unbedingt im Garten sein, untergebracht in einem freistehenden Häuschen. So können die Erholungsphasen an der frischen Luft verbracht werden. In ein individuell gefertigtes Gartenhaus wurde dementsprechend eine gemütliche Finnische Sauna mit urig-rustikalem Flair integriert, aber auch ein kleiner Vorraum, der Platz für die Bademäntel ebenso wie Tiefenwärmeanwendungen mit einem Infrarotpanel von Repabad bietet. Neben der Saunaglastüre mit ihren ausdrucksstarken Metallbeschlägen, die bestens mit dem rustikalen Grundtenor harmonieren, stimmt eine dekorative Wandleuchte mit mehrfarbigen Lichtkegeln in die indirekte Farbbeleuchtung der Saunakabine ein. Dem Wunsch nach einer Gartendusche konnte mit einem Designmodell von JEE-O nachgekommen werden, das vor einem intensiv roten Funktionsflächentextil platziert wurde und direkt am Hauseingang nicht nur für die Abkühlphasen des Saunierens bereitsteht. Ein weiteres Funktionsflächentextil ziert die Dusche eines der Badezimmer im Haus mit einem tropischen Dschungelmotiv. Und auch hier ist wieder ein Element des Saunaequipments zu finden – ein klassischer Schwallkübel von Harvia, der besonders schnell und intensiv für Abkühlung sorgen kann.

DESIGN-DETAIL:

Zum finalen Abkühlen nach dem Saunieren steht ein Schwallkübel im Badezimmer bereit, der sich bei Kettenzug schnell, füllig und kalt ergießt. Der könnte natürlich auch helfen, wenn morgens einmal das Wachwerden schwerfallen sollte.

IMMOBILIE/ORT:
Garten im Raum Eppingen

SAUNA-DESIGNER:
Rund ums Haus GmbH
Salinenstraße 34
74177 Bad Friedrichshall

KONTAKT:
Tel. +49 (0)7136 968790
info@ruh-gmbh.com
www.ruh-gmbh.com

WEITERE BETEILIGTE:
Außendusche: JEE-O
Saunaofen, Schwallkübel: Harvia
Infrarotpanel: Repabad
Wandleuchten: TopLight
Funktionsflächentextile: FFT
Armaturen: Frattini
Duschabtrennung: Diversign
Fliesen: Krauß der Stein

Fotos: Rainer Bohna Foto & Design

Fotos: Christian Buck

DESIGN-DETAIL:
Als zentrales und doch leicht zurückversetztes Element fungiert das freistehende Saunahaus im neuen Garten. Durch die großen Glasflächen, seitlich im Panoramaformat, bleiben Whirlpool und Gartengrün beim Saunieren im Blick.

WAS DIESES SAUNA-DESIGN BESONDERS MACHT:

Inmitten der Weinlandschaft der Pfalz entstand auf einem weitläufigen Grundstück eine freistehende Außensauna, die als zentrales Element der neu gestalteten Gartenanlage konzipiert wurde. Die Planung und Umsetzung der Saunaanlage übernahm Sauna-Bau K. Jockers, der das Projekt in enger Abstimmung mit einem Garten- und Landschaftsbauer ausführte. Das Saunahaus zeigt sich als klar geformter Kubus und erhielt eine Fassadenverkleidung aus Lärchenholz in Rhombusleisten-Optik – ein Holz, das sich durch seine Robustheit gut für den Außenbereich eignet. Im Inneren der Saunakabine sowie im angrenzenden Vorraum, der mit einem integrierten Daybed ausgestattet ist, kam ein breites Doppelnutprofil aus Espe zum Einsatz. Die Aluminium-Eingangstüre und die großformatigen Panoramafenster aus massivem Lärchenholz sind mit Isolierverglasung ausgeführt und schaffen eine geschützte und zugleich offene Atmosphäre. Zur Ausstattung der handgefertigten Sauna gehören geflieste Bodenflächen mit Fußbodenheizung, ein integriertes Soundsystem sowie ein ausgeklügeltes Beleuchtungskonzept. Die Saunasteuerung ist über eine KNX-Anbindung in die Haussteuerung eingebunden, während eine beheizte Steinrückwand im Loungebereich der Gartensauna den Komfort in Ruhephasen erhöht.

IMMOBILIE/ORT:
Garten in der Pfalz

SAUNA-DESIGNER:
Sauna-Bau K. Jockers GmbH
Siemensstraße 16
67454 Haßloch

KONTAKT:
Tel. +49 (0)6324 92430
info@jockers.de
www.jockers.de

WEITERE BETEILIGTE:
Saunaofen/Steuerung: EOS
Soundanlage: Bowers & Wilkins
Beleuchtung: Collaxx

Fotos: Matthias Dengler

DESIGN-DETAIL:

Der integrierte Infrarotstrahler ergänzt die Sauna um sanfte Tiefenwärme, die Entspannung fördert und Muskeln lockert. So entsteht in der Sauna eine harmonische Verbindung aus wohliger Strahlung und kräftigen Aufgüssen.

IMMOBILIE/ORT:
Villa in München

WEITERE BETEILIGTE:
Saunaofen: Tulikivi

SAUNA-DESIGNER:
Saunavita GmbH & Co. KG
Johannisstr. 6
82418 Murnau

KONTAKT:
Tel. +49 (0)8841 90003
wellness@saunavita.de
www.saunavita.de

WAS DIESES SAUNA-DESIGN BESONDERS MACHT:

Im Garten einer Villa in München baute Saunavita ein privates Poolhaus mit einer Sauna und passenden Einbaumöbeln aus. Wie das Hauptgebäude zeigt sich auch das Poolhaus in klassischen Zügen, etwa mit raumhohen, anthrazitfarbenen Sprossenfenstern und messingfarbenen Beschlägen. Außen klassisch, im Inneren herrscht ein modernes Wohlfühlambiente. Sauna und Vorraum mit Schranklösung teilen sich den Raum mit gleichen Proportionen in dem exakt symmetrischen Gartenhaus. In der linken Hälfte befindet sich die perfekt in den Raum eingepasste Individualsauna, in der ein zusätzlicher Infrarotstrahler ‚unsichtbar' hinter zwei Türchen in der Wandverkleidung integriert ist. Für das klassische Finnische Saunaklima steht der Saunaofen „Rae" von Tulikivi aus schwarzem Granit bereit. Besonders attraktiv ist die kontraststarke Innengestaltung der Sauna – die Wandverkleidung besteht aus Profilleisten, die mit spezieller emissionsfreier Saunafarbe in Schwarz behandelt wurden. Davor hebt sich die Liegeneinrichtung aus sehr hellem Espenholz stark ab. Unter den Bänken und an der Decke sorgt indirekte warmweiße LED-Beleuchtung für stimmungsvolles Flair, während ein Spot über dem Saunaofen denselben in Szene setzt.

DESIGN-DETAIL:
Der freistehende Saunaofen ist der Mittelpunkt dieser Sauna. Die beeindruckende Menge an Saunasteinen lädt zu intensiven Aufgüssen ein, die einfach guttun. Die runde Form des Ofens spiegelt sich in der eleganten Saunabank wider.

WAS DIESES SAUNA-DESIGN BESONDERS MACHT:

In einem urigen Gartenhaus in Oberbayern wurde durch Saunavita ein behutsamer Umbau zu einem wunderbaren Entspannungsort realisiert, bei dem traditionelles Handwerk und zeitgemäße Saunatechnik miteinander verbunden wurden. Das Gartenhaus wurde energetisch auf den aktuellen Stand gebracht, während in der Sauna die sichtbare Wand- und Deckenverkleidung bewusst in Altholz ausgeführt wurde, um dem Raum seine ursprüngliche Anmutung zu erhalten. Die vertikalen Blenden der Saunabänke sind aus originalem altem Holz gefertigt, die geradlinigen Bänke hingegen aus heller Thermo-Erle. In einer Seitenwand der Kabine sind zusätzliche Infrarotstrahler integriert, die gezielte Tiefenwärmeanwendungen ergänzend zum klassischen Saunabetrieb ermöglichen. Im Rahmen des Ausbaus wurde zudem die Integration eines Duschbereichs mit separatem WC vorgenommen, der sich materialgerecht an die rustikale Ausprägung anschließt und mit Altholzoberflächen, einem Steinwaschbecken und traditionellen Fliesen ausgestattet ist. Mit viel Liebe zum Detail wurden die Beschläge und Lampen handgeschmiedet und die Möbel vom Schreiner gefertigt. Für das perfekte Saunaklima sorgt ein „Hive"-Ofen von Huum, der zentral vor einer großflächigen Fensterfront positioniert wurde. Die Verglasung ermöglicht es, den atemberaubenden Seeblick während des Saunierens zu genießen – und auch der Hotpot, das i-Tüpfelchen auf der Terrasse, bleibt im Blickfeld.

IMMOBILIE/ORT:
Garten in Oberbayern

SAUNA-DESIGNER:
Saunavita GmbH & Co. KG
Johannisstr. 6
82418 Murnau

KONTAKT:
Tel. +49 (0)8841 90003
wellness@saunavita.de
www.saunavita.de

WEITERE BETEILIGTE:
Saunaofen: Huum
Beschläge: Kunstschmiede W. Lippkau

Fotos: Matthias Dengler

WAS DIESES SAUNA-DESIGN BESONDERS MACHT:

In einem Wohnhaus in einem Mischgebiet in Tvrdonice, Südmähren, wurde diese Sauna als Teil eines modularen Holzbaukonzepts realisiert, das Arbeiten, Wohnen und Entspannen miteinander verbindet. Das Saunahaus ist in den geschützten Innenhof des Wohnhauses gerichtet und ergänzt dort einen Naturpool, sodass sich ein ganzjährig nutzbarer Rückzugsort ergibt. Die Sauna ist als eigenständiges Modul ausgeführt und fügt sich formal wie konstruktiv in die nachhaltige Gesamtarchitektur ein, die auf Passivhausstandard, natürliche Materialien und flexible Bauweisen setzt. Die Nähe zum Pool erlaubt klassische Abkühlrituale direkt im Garten, während die geschützte Lage zugleich Ruhe und Privatheit bietet. Gestalterisch folgt die Sauna der reduzierten, klaren Linie des Gebäudeensembles: Holz prägt sowohl Konstruktion als auch Atmosphäre und schafft eine warme, zurückhaltende Umgebung für Regeneration. Durch eine modulare Bauweise konnte das Saunahaus präzise auf die räumlichen Anforderungen des Grundstücks abgestimmt werden und bleibt zugleich erweiterbar – und sogar versetzbar. Die großen Verglasungen zum Hof stellen einen visuellen Bezug zur umgebenden Begrünung her und binden den Saunagang in das Gesamterlebnis aus Natur, Architektur und Wasser ein. Die Sauna ist heute selbstverständlicher Bestandteil des Alltags und ermöglicht Erholung in direkter Verbindung mit der nachhaltigen Lebens- und Arbeitsumgebung.

DESIGN-DETAIL:
Wohnen, Arbeit, Wellness – alles vereint auf diesem Grundstück am Rande der Felder. Das modular aufgebaute Saunahaus bildet den Abschluss des Areals und lässt sich aufgrund seiner Bauweise nachträglich verändern und versetzen.

IMMOBILIE/ORT:
Wohnhaus in Tvrdonice, Tschechien

SAUNA-DESIGNER:
Semela Ateliers
www.semelaateliers.eu

Fotos: Kivi Sotamaa

DESIGN-DETAIL:
Diese Sauna ist definitiv ein Ort zum Runterkommen und Entschleunigen – und das schon auf dem Weg zu ihr. Wie ein glitzernder Zeppelin scheint sie vor den funkelnden Wogen des Finnischen Schärenmeers zu schweben.

WAS DIESES SAUNA-DESIGN BESONDERS MACHT:

In den finnischen Schären wurde diese auf den Namen „Kivi" getaufte Sauna mit einer widerstandsfähigen Architektur für ein extremes Klima entworfen und direkt an den Rand einer felsigen Klippe gesetzt. Ihre aerodynamische Form und die geschwungenen Holzpaneele reagieren bewusst auf Wind, Wetter und die besonderen Kräfte der Küstenlandschaft. Der Baukörper verschmilzt mit dem Fels und wirkt zugleich wie ein natürlich gewachsener Bestandteil der Umgebung und wie ein präzise gearbeitetes Objekt der Handwerkskunst. Die silbrig verwitternde Holzfassade wird von markanten schwarzen Einschnitten durchzogen, die gezielt Ausblicke freigeben und eine kleine Terrasse zum Meer hin öffnen. So entsteht ein intensives Wechselspiel zwischen Architektur, Licht und den ständig wechselnden Wetterstimmungen der Schären. Auch im Inneren folgt die Sauna einer klar inszenierten Dramaturgie. Der Zugang erfolgt über einen bewusst dunkel gehaltenen Eingangsbereich, der zur Ruhe kommen lässt und den Übergang vom Außenraum markiert. Erst im oberen Saunabereich öffnet sich der Raum wieder vollständig zur Landschaft, mit weitem Blick über Meer und Inselwelt. Hitze, Ausblick und Stille verbinden sich hier zu einem konzentrierten Saunaerlebnis, das die Beziehung zwischen Körper, Architektur und Natur in den Mittelpunkt stellt. Die Abfolge der Räume verstärkt das Gefühl des Rückzugs und der bewussten Entschleunigung und macht diese Sauna zu einem Ort, an dem die archaische Saunakultur Finnlands in zeitgemäßer architektonischer Form weitergedacht wurde.

IMMOBILIE/ORT:
Inselgrundstück im Finnischen Schärenmeer, Finnland

SAUNA-DESIGNER:
Sotamaa
www.ateljesotamaa.net

Fotos: RivieraPool

WAS DIESES SAUNA-DESIGN BESONDERS MACHT:

An einem Seegrundstück im Herzen Bayerns wurde ein privater Wellnessbereich realisiert, bei dem Sauna und Pool bewusst gemeinsam im Außenraum angeordnet sind. Um den freien Blick über den Garten und das Wasser auch beim Saunieren erlebbar zu machen, entschieden sich die Hausherren für eine freistehende Gartensauna, die zusammen mit einem Pool eine eigenständige Wellnesszone bildet. Für den Gartenpool wurde ein „Modena"-Fertigschwimmbecken von RivieraPool gewählt, das über eine sechsstufige Treppenanlage mit integrierten Sitzgelegenheiten sowie eine zweiseitige Rollladensicherheitskante verfügt. Die Sauna wurde als kubischer Baukörper an den Rand der erweiterten Poolterrasse gesetzt und in Flucht mit dem auskragenden Erker des Wohnhauses positioniert. Außen ist sie mit schwarzem, profiliertem Holz verkleidet, das gestalterisch auf Raffstoren und Metallbleche des Hauses abgestimmt ist. Während die Rückseite geschlossen bleibt, öffnen sich zur Terrasse und zum See hin großzügige Glasflächen, die Blickbeziehungen zu Pool, Garten und Landschaft herstellen. Im Innenraum prägt helles Holz in lamellierter Ausführung die Wände und Sitzbänke, während die Decke mit flächigen Paneelen aus demselben Material ausgeführt ist. In den Abendstunden sorgen verdeckt integrierte LED-Lichtleisten für eine gleichmäßige, warmtönige Ausleuchtung der Kabine, die in Wechselwirkung mit der Beleuchtung von Haus und Pool tritt und die Sauna als integralen Bestandteil des Außenensembles inszeniert.

DESIGN-DETAIL:
Der traumhafte Ausblick beim Saunieren beginnt schon mit dem eleganten Bonsai vor der großen Glasfront. Von dort schweift der Blick über den freistehenden Saunaofen hinweg über Pool, Garten und See bis zur Hügellandschaft am Horizont.

IMMOBILIE/ORT:
Seeanwesen in Bayern

SAUNA-DESIGNER:
Steinbauer GmbH
Bahnhofstraße 9
93468 Miltach

KONTAKT:
Tel. +49 (0)9944 34100
info@s-pools.de
www.steinbauer-haustechnik.de

POOL-HERSTELLER:
RivieraPool Fertigschwimmbad GmbH
Klöcknerstraße 2
49744 Geeste

KONTAKT:
Tel. +49 (0)5397 660
info@pools.de
www.pools.de

DESIGN-DETAIL:
Neben der Sauna beherbergt das geräumige Gartenhaus auch noch ein großes Badezimmer mit Dusche, WC und Waschtisch, das sich hinter der Milchglasfront eröffnet. Ein zweiter Waschtisch davor erhöht zudem den Komfort.

WAS DIESES SAUNA-DESIGN BESONDERS MACHT:

In dem weitläufigen Garten eines modernen Landhauses im englischen Much Hadham schuf das auf Luxusanwesen spezialisierte Studio Anqet ein freistehendes Saunahaus als zentralen Bestandteil einer neu konzipierten privaten Wellnesslandschaft. Das massiv ausgeführte Gebäude ist leicht erhöht über dem angrenzenden Swimmingpool positioniert und über fünf beleuchtete Stufen direkt vom Beckenrand aus erreichbar. Im rechten Gebäudeteil befindet sich die Sauna, während der linke Bereich ein voll ausgestattetes Badezimmer aufnimmt. Ein kurzer Flur mit raumhoher Verglasung führt zum ebenfalls verglasten Saunaeingang und hält den Blick in den Garten und auf den Pool auch während des Saunierens frei. Der Innenraum der Sauna ist klassisch mit Kiefernholz gestaltet und bietet eine niedrige Eckbank sowie eine zusätzliche erhöhte Sitz- und Liegefläche an der Rückwand. In diese wurde eine Fläche aus Himalaya-Salzkristallziegeln integriert, die zum einen als visuelles Highlight wirkt und das Saunaklima zum anderen mit Salzionen anreichert. Die klare, ruhige Gestaltung unterstützt das entspannte Raumgefühl, das sich beim Betreten der Sauna direkt einstellt. Zur Abkühlung zwischen den Saunagängen stehen sowohl die Dusche im angrenzenden Bad als auch eine separate Außendusche im Garten zur Verfügung. Ergänzt wird das Saunaritual durch eine beheizte Ruhebank vor der Sauna, die nach dem Saunieren zur weiteren Entspannung bei prickelnden Fußmassagen einlädt und den Wellnessbereich harmonisch abrundet.

IMMOBILIE/ORT:
Modernes Landhaus in Much Hadham, England

SAUNA-DESIGNER:
Studio Anqet
www.studioanqet.co.uk

Fotos: Kay Maim

Foto aus dem Les Bains de Lavey Spa in Lavey-Morcles. Die Sauna dazu finden Sie auf Seite 162.

DIE SCHÖNSTEN SAUNA-DESIGNS

DIE SAUNA IM HOTEL

Foto aus dem Schlosshotel Kitzbühel. Die Sauna dazu finden Sie auf Seite 174.

DESIGN-DETAIL:
Hartgesottene können sich direkt im Fluss abkühlen – dazu steht im Zentrum des runden Bauwerks ein groß dimensioniertes Eisloch mit Einstiegstreppe bereit. Aber auch alleine der Gang durch den Schnee kühlt bereits wunderbar ab.

WAS DIESES SAUNA-DESIGN BESONDERS MACHT:

Im Arctic Bath im schwedischen Harads befindet sich eine Hotelsauna, die in einem außergewöhnlichen Rundbau untergebracht ist, dessen Architektur an ein überdimensionales Nest erinnert und direkt auf dem Fluss ruht – ein Steg führt zu dem Gebäude. Die rustikal gestaltete Sauna durchströmt eine warme, beruhigende Atmosphäre – sie ist mit Hölzern ausgekleidet, deren Farbwirkung je nach Licht zwischen rötlich und schokobraun changiert. Der Boden besteht aus Fliesen in Steinoptik. Hinter dem Saunaofen zieht sich ein Band kleinformatiger Fliesen in dekorativem Muster bis unter die Decke, zu beiden Seiten öffnen kleine quadratische Fenster den Blick auf die umliegende Natur. Der mit zahlreichen Steinen gefüllte Ofen bildet das Zentrum des Wärmeerlebnisses, ergänzt durch bereitstehende Aufgussutensilien. Gegenüber liegen die Saunabänke auf zwei Ebenen, deren Gestaltung mit schmalen horizontalen Latten eine optische Einheit bildet. Die nach hinten geneigten Rückenlehnen sind hinterleuchtet, wodurch ein warmes, stimmungsvolles Licht durch die Zwischenräume fällt. Die Einbindung der Sauna in das Gesamtkonzept des Hauses zeigt sich besonders im Verbindungspunkt zum Außenraum: Im Zentrum des Rundbaus befindet sich ein großes Eisloch mit Einstiegstreppe, das ein direktes Kaltbad im Fluss ermöglicht. Doch auch schon der Gang ins verschneite Freie sorgt für eine sehr ordentliche Abkühlung.

IMMOBILIE/ORT:
Naturhotel in Harads, Schweden

SAUNA-DESIGNER:
Arctic Bath
www.arcticbath.se

Fotos: Samuel Devantery

DESIGN-DETAIL:
Die Fertigung mithilfe von CNC-Technik erlaubte nicht nur das nahtlose Fortführen der organisch geformten Sitzbank um jede Raumecke, sondern auch präzise Ausschnitte für die Infrarotstrahler und die hinterleuchteten Salzblöcke.

WAS DIESES SAUNA-DESIGN BESONDERS MACHT:

Diese mit einem Salzraum kombinierte Infrarotsauna befindet sich im Les Bains de Lavey Spa in Lavey-Morcles in der Schweiz und ist Teil eines umfassenden Um- und Neubauprojekts, das im Juli 2025 abgeschlossen wurde. Im Zuge der Neugestaltung entstanden insgesamt vier neue Saunen, die sich thematisch an der Landschaft des Rhônetals orientieren. Das Gestaltungskonzept entwickelte Leaderspa Pro SA, während Auroom für die vollständige Fertigung und Installation verantwortlich war. Die Salzraum- und Infrarotsauna stellt innerhalb des Ensembles den technisch und handwerklich anspruchsvollsten Raum dar und verbindet Infrarotwärme mit den Eigenschaften der Salztherapie. Der Innenraum ist als skulpturale Holzarchitektur ausgeführt, bei der sämtliche Elemente CNC-gefertigt wurden. Dadurch konnten komplexe Geometrien, fließende Übergänge und präzise ausgerichtete Oberflächen umgesetzt werden. Die Gestaltung erzeugt ein geschlossenes Raumgefühl, in dem Materialität und Form eine ruhige, zusammenhängende Einheit bilden. Für den Ausbau kam Holz von Thermory zum Einsatz, das aufgrund seiner Stabilität, Langlebigkeit und Widerstandsfähigkeit gegenüber Hitze, Salz und intensiver Nutzung ausgewählt wurde. Die fein strukturierte Oberfläche und der warme Farbton des Holzes mildern den technisch geprägten Charakter der Infrarot- und Salztechnik und verleihen dem Raum eine natürliche Anmutung.

IMMOBILIE/ORT:
Les Bains de Lavey Spa in Lavey-Morcles

SAUNA-DESIGNER:
Auroom OÜ
Vana-Kastre
EST-62313 Tartumaa

KONTAKT:
Tel. +49 (0)176 24616019
Tel. +372 (0)5453 0349
info@auroomwellness.com
www.auroomwellness.com

WEITERE BETEILIGTE:
Architekt : LEADERSPA PRO SA
Saunamaterial: Thermory

Hotel:
Les Bains de Lavey
Rte des bains 48
CH-1892 Lavey-Morcles

WAS DIESES SAUNA-DESIGN BESONDERS MACHT:

Die „Sauna Événementiel“ befindet sich im Les Bains de Lavey Spa in Lavey-Morcles in der Schweiz und ist Teil einer neu eröffneten Saunalandschaft, die insgesamt vier unterschiedliche Saunen umfasst. Entwickelt wurde das Gesamtkonzept von Leaderspa Pro SA, während Auroom für die Fertigung und Umsetzung der modular geplanten Saunen verantwortlich war. Die Sauna Événementiel wurde als Raum für geführte Saunaevents und gemeinschaftliche Rituale konzipiert und verbindet architektonische Klarheit mit einer auf intensive Nutzung ausgelegten Materialwahl. Der Innenraum ist vollständig mit Erlenholz von Thermory ausgekleidet, dessen warme Farbigkeit, gleichmäßige Oberfläche und gute thermische Eigenschaften die Atmosphäre prägen. Die natürliche Anmutung des Holzes unterstützt den rituellen Charakter des Raums und sorgt zugleich für Robustheit und Formstabilität im täglichen Spa-Betrieb. Proportionen, Oberflächenrhythmus und Detailausbildung sind auf Gruppenanwendungen abgestimmt und ermöglichen ein ausgewogenes Zusammenspiel von Hitze, Akustik und visueller Ruhe. Für das Saunaklima kommen gleich zwei Designöfen von EOS zum Einsatz, die funktionale Ergonomie mit einer klaren Formensprache verbinden.

DESIGN-DETAIL:
Zentrale Eyecatcher sind die beiden Saunaöfen, die mit einem dekorativen Schutzmantel versehen sind und mitten im Raum stehen. Die organisch aus Erlenholz geformten, vollflächig unterleuchteten Saunabänke umschmeicheln die beiden Öfen.

IMMOBILIE/ORT:
Les Bains de Lavey Spa in Lavey-Morcles

SAUNA-DESIGNER:
Auroom OÜ
Vana-Kastre
EST-62313 Tartumaa

KONTAKT:
Tel. +49 (0)176 24616019
Tel. +372 (0)5453 0349
info@auroomwellness.com
www.auroomwellness.com

WEITERE BETEILIGTE:
Architekt : LEADERSPA PRO SA
Saunaöfen: EOS
Saunamaterial: Thermory

Hotel:
Les Bains de Lavey
Rte des bains 48
CH-1892 Lavey-Morcles

WAS DIESES SAUNA-DESIGN BESONDERS MACHT:

In Frederic im Norden des US-Bundesstaats Wisconsin ergänzt eine Außensauna das Boutique Landscape Resort Nordlys Lodging Co., das auf einem weitläufigen Naturareal aus Wiesen, Waldflächen und Wasserläufen angelegt ist. Die Sauna befindet sich in der Nähe des Metal Lark Tower, einem aussichtsreichen doppelstöckigen Gebäude mit riesigen Glasfronten, und wurde als eigenständiges Wellnessmodul in die skandinavisch geprägte Architektur des Rückzugsorts eingebunden. Es handelt sich um eine „Model 3 Outdoor"-Sauna von Cedar and Stone, ausgelegt für bis zu drei Personen und mit kompakten Proportionen. In der Materialwahl setzte die Kabine auf gekohltes und gebürstetes Kiefernholz – und auf den dabei entstandenen Hell-Dunkel-Kontrast. Ein umlaufendes Deck aus rötlichem Zedernholz ergänzt die Sauna. Die Ausführung greift damit die klare Linienführung und die natürlichen Oberflächen des Resorts auf. Beheizt wird die Sauna über einen „Hive Mini"-Ofen von HUUM, der durch eine UKU WiFi-Einheit gesteuert wird – dadurch lässt sich der Saunabetrieb auch digital vorbereiten. Die Positionierung in der Nähe des Metal Lark Tower ermöglicht kurze Wege von der Unterkunft zur Sauna und eine Nutzung unabhängig von Jahreszeit und Wetterlage. Die Außensauna übernimmt eine zentrale Rolle im wiederkehrenden Ritual zwischen Aufenthalt in der Natur und bewusster Wärmephase.

DESIGN-DETAIL:
Vom Fenster des Metal Lark Tower, einer Unterkunft des Landscape Resorts, ist die Außensauna im Blickfeld – und damit auch der zu bewältigende Weg zum Wärmegenuss. Im Winter finden die Abkühlphasen einfach im Freien statt.

IMMOBILIE/ORT:
Nordlys Lodging Co. in Wisconsin, USA

SAUNA-DESIGNER:
Cedar and Stone
1325 N 59th Ave W
USA – 55807 Duluth (MN)

KONTAKT:
office@cedarandstonesauna.com
www.cedarandstonesauna.com

WEITERE BETEILIGTE:
HUUM OÜ
Vahi tee 9
EST-60534 Tartu vald

KONTAKT:
info@huum.eu
www.huum.eu

DESIGN-DETAIL:
Die Saunakabine wird von einer warmtönigen Beleuchtung erhellt, jedoch nur auf stimmungsvolle Weise in gedämpfter Ausprägung. Der hölzerne Lampenschirm trägt auch dazu bei, lässt er doch nur einzelne dekorative Lichtstrahlen durch.

WAS DIESES SAUNA-DESIGN BESONDERS MACHT:

Das Luxushotel Château des Fleurs befindet sich an der Spitze der Pariser Prunkstraße Champs-Élysées, in unmittelbarer Nähe zum Arc de Triomphe. Bögen prägen dann auch den Saunabereich des Hauses, der sich voll auf das Saunieren konzentriert. Hinter einer Glastüre eröffnet sich ein sehr schlicht gehaltener Saunaraum, der dennoch aus jedem Winkel Exklusivität ausströmt. Zwar konzentriert sich die Ausstattung auf das Wesentliche, doch erlesenes Holz mit kaum sichtbarer, feiner Maserung zeigt in akkurater Verlegung, wie ausdrucksstark das Naturelement alleine sein kann. Ein Ofen von Harvia sorgt für das Finnische Saunaklima und ermöglicht dampfende Aufgüsse, während die Saunaleuchte ein gediegenes Strahlenlicht verströmt, das die gedämpfte, erholsame Stimmung der Sauna erzeugt. Aus der wird man zwischen den Saunagängen jäh erweckt, wenn in das ungewöhnlich große Tauchbecken eingestiegen wird. Das ist eine Augenweide, ist es doch erhaben in einen Säulengang gebaut, mit direktem Wandanschluss und innen wie außen mit einem weiß-roten Schachbrettmuster aus quadratischen Fliesen besetzt. So macht die Abkühlung gleich noch mehr Spaß.

IMMOBILIE/ORT:
Luxushotel in Paris, Frankreich

SAUNA-DESIGNER:
Château des Fleurs
www.chateaudesfleurs.paris

WAS DIESES SAUNA-DESIGN BESONDERS MACHT:

Im Eriro, einem abgelegenen Alpine Hide in Ehrwald auf 1.550 Metern Höhe, führt der Weg zur Finnischen Sauna durch eine inszenierte Schieferklamm, die mit knöchelhohem Wasser gefüllt ist. Versetzt angeordnete Trittsteine leiten die Gäste durch diese Schlucht, die die alpine Umgebung aufgreift und den Übergang vom Spa in den geschützten Saunabereich markiert. Am Ende der Passage liegt die Sauna „Steinaz“, deren gläserne Eingangstür leicht zurückgesetzt ist. Auch die übrige Front besteht aus Glas und öffnet den Blick in den dämmrigen Vorraum. Im Inneren herrscht warmes, zurückhaltendes Licht, das der Sauna eine höhlenartige Anmutung verleiht und die Privatsphäre unterstützt. Die Wandverkleidungen bestehen aus dunklem, rustikal wirkendem Holz, das zugleich die Glasträger und die Umrandung des unauffällig platzierten Saunaofens bildet. Die Sitz- und Liegebänke hingegen sind aus hellen, astlosen Latten gefertigt, die sich klar vom dunkleren Hintergrund abheben und eine ruhige Linienführung erzeugen. Das Zusammenspiel von Farbkontrasten, gedämpfter Beleuchtung und natürlicher Materialität schafft eine Atmosphäre, die den Rückzug in einen geschützten, warmen Raum betont. Aufgüsse und Peelings zum Selbermachen ergänzen das Erlebnis und knüpfen an die naturverbundene Ausrichtung des Hauses an.

DESIGN-DETAIL:

Bereits der Gang zur Sauna wird hier zum Erlebnis – Trittsteine führen über ein flaches Wasserbasin hinweg bis zum Vorpodest der Sauna. Auf diese Weise bildet sie eine wärmende ‚Höhle‘, umgeben von dekorativen Schieferwänden.

IMMOBILIE/ORT:

Alpine Hide in Ehrwald, Österreich

SAUNA-DESIGNER:

Eriro
www.eriro.at

DESIGN-DETAIL:
Für die Abkühlung zwischen den Saunagängen steht unter anderem dieses stilvoll geformte Tauchbecken zur Verfügung, das sich mit seinem Überlauf über das Bodenniveau erhebt. Die eleganten Handläufe helfen beim Einsteigen.

WAS DIESES SAUNA-DESIGN BESONDERS MACHT:

Im Forestis, einem Wellnesshotel in den Dolomiten auf 1.800 Metern Höhe, ist die Sauna ein konsequent naturverbundener Rückzugsort, der sich harmonisch in das alpine Umfeld einfügt. Der Weg zu ihr führt entlang einer organisch geschwungenen Holzwand mit Sitzgelegenheit, welche die ruhige Atmosphäre des Spa-Bereichs einleitet. Im Inneren der Saunakabine setzen sich die lokalen Hölzer fort, deren ausdrucksstarke Maserung und ursprüngliches Astbild den Raum prägen. Selbst die Verkleidung des großen Saunaofens wurde aus demselben Material maßgefertigt, sodass eine durchgängige Gestaltung entstand. Eine weitläufige Panoramaglasfront öffnet den Blick auf die Terrasse, die im Winter vollständig von Schnee bedeckt ist und die alpine Lage eindrucksvoll vermittelt. Das eigentliche Highlight der Sauna sind jedoch die Sitzbänke: Massive kleine Holzblöcke und die vielen vertikalen und horizontalen Linien dazwischen bilden ein klar konturiertes Ensemble, das sich deutlich von den übrigen Wandflächen absetzt und dem Raum eine topmoderne Signatur verleiht. Die Kombination aus naturbelassenen Materialien, maßgefertigten Details und der offenen Blickführung schafft eine Atmosphäre, die Ruhe, Achtsamkeit und das Erleben der Umgebung in den Mittelpunkt stellt.

IMMOBILIE/ORT:
Wellnesshotel in den Dolomiten, Italien

SAUNA-DESIGNER:
Forestis
www.forestis.it

DESIGN-DETAIL:
Zum heißen Saunaklima gesellt sich dank des auf ursprüngliche Weise holzbefeuerten Saunaofens auch noch eine herrliche Kaminfeuerromantik, die Sichtscheibe macht dies möglich. Auch das Holzknacken untermalt die Atmosphäre.

WAS DIESES SAUNA-DESIGN BESONDERS MACHT:

Im Wellnesspavillon des Gáldu Hotel & Spa in Saariselkä befindet sich eine Sauna, die mitten in der winterlichen Waldlandschaft liegt und über ihre vollständig verglaste Front einen ungehinderten Blick in die verschneite Natur ermöglicht. Im hinteren Bereich steht ein opulenter Saunaofen von Harvia, der holzbefeuert die Saunakultur in ihrer authentischsten Form widerspiegelt. Die Saunakabine selbst ist schlicht gehalten und mit warmtönigem Holz ausgekleidet, das horizontal verlegt über die gesamte Breite des Raumes geführt ist. Die akkurate Verarbeitung der durchgehenden Paneele und die feine Holzzeichnung verleihen dem Innenraum eine ruhige, hochwertige Anmutung. Die Sitz- und Liegebänke sind aus demselben Holz gefertigt und auf drei Ebenen angeordnet, was eine klare und harmonische Linienführung ergibt. Der Boden aus rauen Granitplatten setzt einen natürlichen, robusten Kontrast zu den glatten Holzoberflächen. Spärlich eingesetztes indirektes Licht in warmweißem Ton unterstützt die intime Atmosphäre der Sauna, ohne den Blick auf die winterliche Landschaft zu stören. So entstand ein Raum, der auf das Wesentliche reduziert, aber dennoch exklusiv ist und die direkte Verbindung zur umgebenden Natur in den Mittelpunkt stellt.

IMMOBILIE/ORT:
Wellnesspavillon in Saariselkä, Finnland

SAUNA-DESIGNER:
Gáldu Hotel & Spa
www.galdu.fi

HARVIA
HARVIA

DESIGN-DETAIL:
Dunkelbraune Liegeflächen und Rückenlehnen sorgen für einen starken Kontrast zu den hellen Zirbenholzlamellen. Die unsichtbar integrierte LED-Beleuchtung setzt den Innenraum ab der Dämmerung stimmungsvoll in Szene.

WAS DIESES SAUNA-DESIGN BESONDERS MACHT:

Im Schlosshotel Kitzbühel wurde die bestehende Panoramasauna umfassend neugestaltet, um ihr ein zeitgemäßes Erscheinungsbild zu verleihen. Ziel war es, Zirbenholz als zentrales Material einzusetzen, allerdings ohne die rustikale Optik, die Zirbenholz in klassischer Ausprägung oft bewirkt. Daher wurde von Georg Kammerlochner WellnessDesign aus dem wundervollen Rohstoff ein Design für die Sauna entwickelt, das die Anforderungen und Wünsche auch über die Zeit trägt. Prägend ist eine feine Lamellenstruktur aus handgefertigten Zirbenleisten, die gleichmäßig auf einem schwarzen Untergrund montiert sind. Die mit der Bandsäge geschnittenen Leisten erzeugen eine differenzierte Oberflächenwirkung, die durch verdeckt integrierte LED-Lichtbänder zusätzlich betont wird. Diese sorgen im Betrieb für eine gedämpfte, warmtönige Lichtstimmung innerhalb der Kabine. Die Grundform des Saunainterieurs ist klar und kubisch gehalten, wodurch die Lamellenstruktur ihre Wirkung ungestört entfalten kann. Für das Saunaklima kommt Technik von EOS zum Einsatz. Einen bewussten Kontrast zum hellen Zirbenholz bilden die Sitz- und Liegeflächen, die in einem dunklen Braunton ausgeführt sind und dem Raum eine ruhige Anmutung verleihen. Als weiteres gestalterisches Highlight wurde das neue Hotellogo an zwei Stellen direkt in die Zirbenleisten integriert und so dauerhaft in die Oberfläche eingebunden.

IMMOBILIE/ORT:
Schlosshotel Kitzbühel

WEITERE BETEILIGTE:
Saunatechnik: EOS

SAUNA-DESIGNER:
Georg Kammerlochner WellnessDesign
Andechser Weg 1c
82343 Pöcking

KONTAKT:
Tel. +49 (0)160 94763697
mail@kammerlochner.de
www.luxus-design-saunabau.de

Fotos: Stefan Schütz

DESIGN-DETAIL:
Wer gerne in vollkommener Privatsphäre sauniert und dazu keine weiten Wege gehen will, kann sich in der Junior Suite Sauna des Hotels einquartieren. Sie ist mit einer kleinen, feinen Sauna aus lokalem Zirbenholz ausgestattet.

WAS DIESES SAUNA-DESIGN BESONDERS MACHT:

Im Karthauser Bad des Hotels Goldene Rose Karthaus ist der Wellnessbereich als weitgehend offen angelegte Anlage konzipiert, in der auch der Weg zu den Saunen Teil des Gesamterlebnisses ist. Die Abkühlung zwischen den Saunagängen erfolgt bewusst im Freien, wodurch die umliegende Berglandschaft in den Ablauf eingebunden wird. Eine Finnische Panorama-Sauna ist erhöht platziert und öffnet sich mit großzügiger Verglasung in Richtung der umgebenden Natur. Gefertigt wurde sie aus heimischem Zirbenholz aus dem Schnalstal, das sowohl die Wand- und Deckenflächen als auch die Liege- und Sitzbänke prägt. Der Innenraum ist klar strukturiert und auf den Ausblick ausgerichtet, der beim Saunieren stets präsent bleibt. Ergänzt wird das Angebot durch eine Erdsauna, die teilweise in das Gelände eingebettet ist und sich konstruktiv deutlich von der Panorama-Sauna absetzt. Sie wurde aus regionalem Gestein und Zirbenholz errichtet und wird über ein Holzfeuer beheizt. Mit einer Temperatur von etwa 60 Grad Celsius ist sie auf ein milderes Saunaklima ausgelegt. Die materialbetonte Gestaltung und die reduzierte Lichtführung schaffen einen ruhigen, geschützten Raum, der sich bewusst von der offenen Umgebung abgrenzt. Beide Saunen sind in das natürliche Gelände integriert und bilden zusammen einen zurückhaltend gestalteten Wellnessbereich, der den Aufenthalt rhythmisch zwischen Innenraum und freier Natur organisiert.

IMMOBILIE/ORT:
Hotel in Karthaus, Italien

SAUNA-DESIGNER:
Goldene Rose Karthaus
www.goldenerose.it

DESIGN-DETAIL:
Hinter einem dezenten, umrahmenden Aluprofil schimmern die Fliesen des Dampfbads durch die Glastüre hindurch. Das herrlich effektvolle Glasmosaik zeigt verschiedene blaue Farbschattierungen, die zum Thema Wellness passen.

WAS DIESES SAUNA-DESIGN BESONDERS MACHT:

Im Spa-Hotel Homewood im englischen Bath findet sich ein raffiniert gestaltetes Doppel für Saunaliebhaber, das innerhalb des großzügigen Spabereichs mit mosaikgefliestem Schwimmbecken in einer tiefen Wandnische untergebracht ist. Diese bildet zunächst einen kleinen Eingangsbereich, von dem aus jeweils eine weitere, zurückgesetzte Nische die Finnische Sauna links und das Dampfbad rechts beherbergt. Nur die gläsernen Eingangstüren geben Einblick, wodurch beide Räume besonders intim wirken. Die Finnische Sauna präsentiert sich mit rustikalen Holzbänken und passenden Wandverkleidungen, die auf zwei Ebenen angeordnet sind und ein klassisches Wärmebad ermöglichen. Dem gegenüber steht das Dampfbad, dessen intensiv schimmernde Blautöne einen deutlichen Akzent setzen und einen eleganten Kontrast zur zurückhaltenden Gestaltung der Sauna bilden. Von innen leuchtet es regelrecht in den vorgelagerten Bereich hinein und konkurriert optisch mit der im Schwimmbadbereich platzierten überdimensionalen Vase. Die Anordnung als doppelte Nischenlösung schafft eine klare räumliche Struktur, die Privatsphäre betont und zugleich eine funktionale Verbindung zum übrigen Spa herstellt, das zusätzlich weitere Thermalangebote und Ausblicke in die Landschaft bietet.

IMMOBILIE/ORT:
Spa-Hotel in Bath, England

SAUNA-DESIGNER:
Homewood
www.homewoodbath.co.uk

WAS DIESES SAUNA-DESIGN BESONDERS MACHT:

Die Sauna dieses Gästeapartments in Bad Sassendorf ist als integrierter Bestandteil eines offenen Wohnbereichs gedacht. Es handelt sich um das Modell „Urban Home Spa“ von InnoZen, das exemplarisch zeigt, wie sich ein vollwertiges Private Spa in Hotelsuiten oder hochwertigen Gästehäusern und -apartments umsetzen lässt – ohne räumliche Trennung und ohne visuelle Brüche. Die Sauna ist bewusst wie ein Möbelstück konzipiert: klar in der Form, reduziert im Ausdruck und eingebettet in das moderne, gemütliche Interieur eines modernisierten Altbaus. Neutrale Farbwelten im Innen- und Außenbereich greifen Materialien und Töne des umgebenden Wohnraums auf und lassen die Kabine ruhig und architektonisch wirken. Grundlage bildet ein patentiertes Kabinensystem mit Aluminiumrahmen, das auf Hygiene und Langlebigkeit ausgelegt ist. In Kombination mit zertifizierten, hygienischen Funktionsstoffen erfüllen die Wand- und Oberflächenmaterialien sämtliche Saunakriterien und sind auf pflegeleichte Nutzung ausgelegt. Trotz der wohnlichen Anmutung ermöglicht die Kabine klassische Aufgüsse und intensive Wärme. Als Plug-&-Play-Lösung benötigt sie lediglich eine 230-Volt-Steckdose, was die Integration in Hospitality-Konzepte vereinfacht und neue Freiheiten in der Planung schafft. Auf bis zu zwei Personen ausgelegt wird die Sauna zum persönlichen Rückzugsort innerhalb des Wohnens: intim, ruhig und durchdacht gestaltet. Sie steht für eine neue Interpretation von Wellness – nicht als separater Raum, sondern als selbstverständlicher Teil des Alltags.

DESIGN-DETAIL:

Die stoffbespannte Sauna „Urban Home Spa“ von InnoZen wurde in diesem Gästeapartment zum selbstverständlichen Bestandteil des offenen Wohnraums. Wie ein großes Möbelstück fügt sie sich harmonisch in ihr Umfeld ein.

IMMOBILIE/ORT:
Gästeapartment in Bad Sassendorf

SAUNA-DESIGNER:
InnoZen GmbH
Otto-Hahn-Straße 11
33104 Paderborn

KONTAKT:
Tel. +49 (0)172 3599605
info@innozen.eu
www.innozen.eu

WEITERE BETEILIGTE:
Saunaofen/Steuerung: EOS
Loungemöbel: IKONO
Innenausbau/Interieur Design:
KY Innovation Group

DESIGN-DETAIL:

In Posedonia- und Agave-Grün gehaltene Funktionsstoffe treffen auf Erlenholz und schaffen eine warme, natürliche Atmosphäre. Die Design-Saunen fügen sich zurückhaltend in das Fachwerk des Schlossguts ein und übersetzen moderne Materialien in zeitlose Ruhe.

WAS DIESES SAUNA-DESIGN BESONDERS MACHT:

Im Fünf-Sterne-Resort Schlossgut Gross Schwansee an der Ostsee wurde der Spabereich neu gestaltet und um zwei Designsaunen von InnoZen ergänzt – eine Finnische Sauna und eine Bi-O-Sauna in abgestimmtem Design. Beide Kabinen folgen einer klaren, zeitlosen Formensprache und basieren auf einem patentierten System mit einem Aluminiumrahmen, der Stabilität, Langlebigkeit und gestalterische Flexibilität ermöglicht. Bespannt sind die Konstruktionen mit speziell entwickelten Funktionsstoffen, die temperaturbeständig sowie wasser- und feuchtigkeitsabweisend sind und zugleich auf Hygiene ausgelegt wurden. Die Materialien sind resistent gegen Schimmel- und Geruchsbildung und nach Oekotex Standard 100 zertifiziert, wodurch sie als schadstofffrei und hautfreundlich gelten. Im täglichen Betrieb unterstützt die textile Ausführung eine pflegeleichte Nutzung und reduziert den Aufwand bei Reinigung und Wartung. Ergänzend zu den Saunen wurde der Ruhebereich mit Loungemöbeln und Liegen der Schwestermarke IKONO ausgestattet, deren Gestaltung sich in das Gesamtkonzept einfügt. Beide Marken greifen auf das gleiche System zurück, wodurch alle Spa-Elemente wie aus einem Guss wirken. Im Schlossgut Gross Schwansee entstand auf diese Weise eine zeitlose Saunalandschaft, die moderne Materialien und innovative Systeme kombiniert und ein durchgängig designorientiertes Entspannungsareal darstellt.

IMMOBILIE/ORT:

Schlossgut Groß Schwansee in Kalkhorst

SAUNA-DESIGNER:

InnoZen GmbH
Otto-Hahn-Straße 11
33104 Paderborn

KONTAKT:

Tel. +49 (0)172 3599605
info@innozen.eu
www.innozen.eu

WEITERE BETEILIGTE:

Saunaofen/Steuerung: EOS
Lounge- und Liegemöbel: IKONO

DESIGN-DETAIL:
Neben der traumhaften Finnischen Sauna ergänzt ein kleines Dampfbad den Saunabereich des Hotels Atlantic. Und dieser von goldenen Mosaiksteinchen gesäumte Eisbrunnen, der die Abkühlung beim Saunieren zum Erlebnis macht.

IMMOBILIE/ORT:
Hotel Atlantic GmbH & Co. KG
Johann-Möller-Straße 13
25980 Sylt / Westerland
Tel. +49 (0)4651 98800
info@sylt-atlantic.de
www.sylt-atlantic.de

WEITERE BETEILIGTE:
Sauna-/Dampfbadausstattung: Tylö

SAUNA-DESIGNER:
Klaus Schlenker GmbH
Gottlieb-Daimler-Str. 30–34
28816 Stuhr

KONTAKT:
Tel. +49 (0)421 877610
info@schlenker-gmbh.de
www.schlenker-gmbh.com

WAS DIESES SAUNA-DESIGN BESONDERS MACHT:

Im Hotel Atlantic auf Sylt realisierte der Saunaspezialist Klaus Schlenker GmbH eine maßgeschneiderte Saunakabine aus seinem Programm „Espe", die handwerkliche Präzision mit einer klaren Formensprache verbindet. Die Kabine ist mit einer rahmenlosen Teil-Klarglasfront ausgestattet, die die Saunaanlage optisch öffnet und ihn sogar noch großzügiger wirken lässt. Ergänzend dazu ermöglicht ein integriertes Fenster gegenüber den Blick ins Freie und bindet damit die Umgebung in das Saunaerlebnis ein. Die Innenverkleidung besteht aus Espenholz, das im Step-Profil verarbeitet wurde und den Wandflächen eine ruhige, rhythmische Struktur verleiht. Halbrund ausgeführte Sitzbänke sowie der abgerundete Ofenschutz sind ebenfalls aus Espe gefertigt und greifen die Linienführung konsequent auf. Die breite Banklattung unterstützt die klare Geometrie des Innenraums und bildet zugleich die Grundlage für eine zurückhaltend eingesetzte indirekte Beleuchtung, die die Konturen der Ausstattung betont. Für das Saunaklima sorgt ein Saunaofen „Commercial" von Tylö mit einer Leistung von 20 kW, ergänzt durch Saunazubehör aus der Serie „Brilliant Black" desselben Herstellers. Die Kombination aus Materialwahl, Verglasung und technischer Ausstattung führt zu einer ausgewogenen Saunakabine, die funktionale Anforderungen und gestalterische Ästhetik miteinander verbindet.

Fotos: Yda Sol

CARAVANSEREI

DESIGN-DETAIL:
Im vorderen Livingroom-Bereich des Spahouse sorgt ein moderner E-Kamin mit echtem Wasserdampf für eine verblüffend realistische Feueratmosphäre. Ein integrierter Infrarotstrahler und sanft simuliertes Knistern vollenden das Erlebnis.

WAS DIESES SAUNA-DESIGN BESONDERS MACHT:

Mit dem Tinyhouse-Hotel auf dem weitläufigen Areal der Caravanserei in Oranienburg entsteht ein Zukunftsentwurf für mikrotouristische Architektur. Die Laubenhütte – Spa Manufaktur entwickelte hierfür ein 28-Quadratmeter-Spahouse, das als vollwertiges Gebäude konzipiert ist und Gästen ein autarkes Wellness-Apartment bietet. Die verglaste Sauna bildet zusammen mit dem offenen Bad und maßgefertigten Einbaumöbeln eine gestalterische Einheit, die den Raum optisch erweitert und neue Perspektiven eröffnet. Ein E-Kamin, variable Raffstores und ein fein abgestimmtes Beleuchtungskonzept tragen zu einer Atmosphäre bei, die weit über herkömmliche Hotelkategorien hinausreicht. Statt eines Zimmers bekommt man ein eigenes Haus – mit Livingroom, Wellnesszone, hochwertiger Kitchen und architektonischer Klarheit, die das Spahouse zu einem Modell für zeitgemäße Rückzugsorte macht.

IMMOBILIE/ORT:
Gastbetrieb in Oranienburg

SAUNA-DESIGNER:
Laubenhütte - Spa Manufaktur GmbH
Am Grasweg 4-6
27607 Geestland

KONTAKT:
Tel. +49 (0)172 3543838
info@laubenhuette.de
www.laubenhuette.de

KLAFS

WAS DIESES SAUNA-DESIGN BESONDERS MACHT:

DESIGN-DETAIL:
Die über eine Treppe erreichbare Waldsauna erhebt sich auf Metallsäulen am Berghang. Außen mit hellem Holz, innen mit schwarzem Hemlock verkleidet bietet sie dank Panoramafront Saunieren mit Aussicht. Eine Außendusche sorgt für Abkühlung.

Im Miramonti Boutique Hotel in Hafling bietet eine Spa Suite privaten Wellnesskomfort, dessen zentrales Element die kompakte Sauna darstellt. Auf den ersten Blick wirkt sie wie ein schmales, weißes Schrankelement, doch dahinter verbirgt sich das motorbetriebene Modell „S1" von Klafs. Auf Knopfdruck fährt die Kabine in rund zwanzig Sekunden aus und verwandelt sich in eine vollwertige Sauna mit zwei Ebenen – die untere Bank bewegt sich dabei automatisch bis zur Mitte des Innenraums. Durch die Glasfront bleibt der Blick ins Zimmer frei, während ein elektrisches Bedienpanel die Steuerung ermöglicht. Die Innenverkleidung folgt dem reduzierten Designansatz der Anlage und bietet trotz kompakter Ausgangsform ausreichend Raum für ein entspanntes Wärmebad. Die Suite ergänzt das Wellnessangebot mit freistehender Badewanne, Südbalkon und gemütlichem Mobiliar. Wer zudem gerne in Gesellschaft sauniert, kann sich auch auf den Weg zur Waldsauna machen. Sie ist über 36 Stufen zu erreichen, thront sie doch zwanzig Meter über dem Bodenniveau am Berghang. Geborgen zwischen den Bäumen öffnet sich durch ihre Verglasung ein Panorama auf die umliegende Landschaft.

IMMOBILIE/ORT:
Miramonti Boutique Hotel

SAUNA-DESIGNER:
Boutiquehotel in Hafling, Italien
www.hotel-miramonti.com

NAMIA RIVER RETREAT | HOI AN

IMMOBILIE/ORT:
Wellnessresort in Hoi An, Vietnam

SAUNA-DESIGNER:
Namia River Retreat
www.namiariverretreat.com

DESIGN-DETAIL:
Durch das Aussichtsfenster in der Sauna eröffnet sich der Blick auf den Fluss Thu Bon, der entlang des Resorts fließt, es dank eines Ausläufers sogar komplett umschließt. Dem Design folgend hat auch das Glas markante Rundungen.

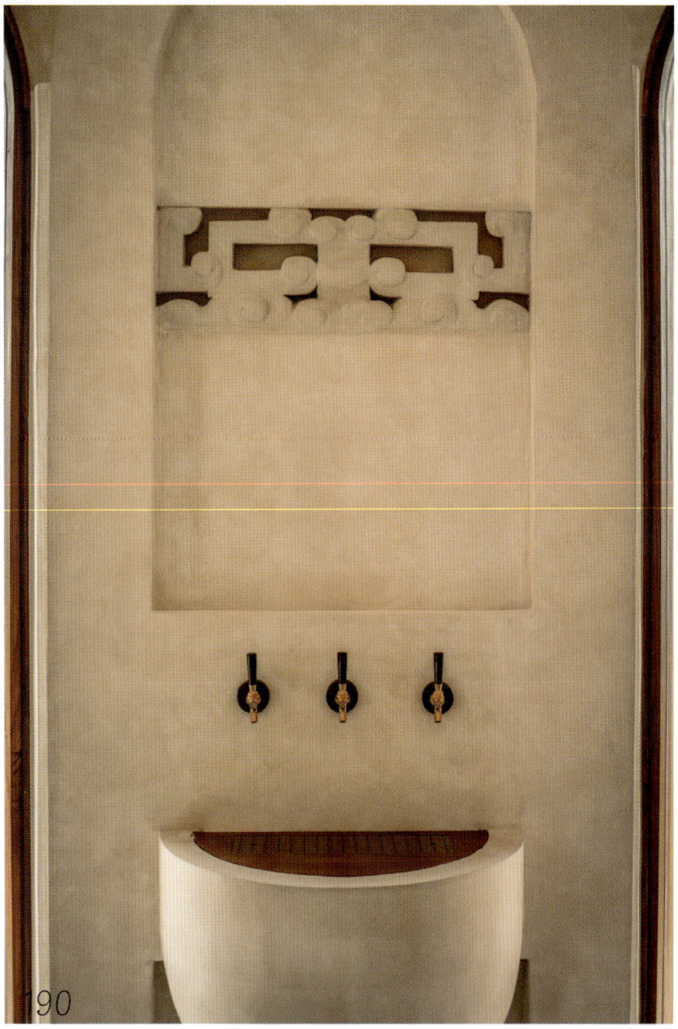

WAS DIESES SAUNA-DESIGN BESONDERS MACHT:

Im Lumina Spa des Namia River Retreat in Hoi An, Vietnam, präsentiert sich die Finnische Sauna als vollkommen runder Raum, dessen ungewöhnliche Form das gesamte Erscheinungsbild prägt. Die Wandflächen sind rundum mit Holz verkleidet, das im unteren Bereich im rechten Winkel in eine umlaufende Sitzbank übergeht. Lediglich die Eingangstür unterbricht dieses geschlossene Band. Eine abgehängte Holzdecke ermöglichte die Integration eines umlaufenden Lichtkranzes, der sanftes, indirektes Licht abstrahlt und die Rundform betont. Auch die Vorderkante der Sitzbank wird lichtkonturiert, was die klare Linienführung unterstützt. Im Zentrum steht der Saunaofen, der einen runden Korb und dadurch zusätzlich Platz für seitlich gestapelte Saunasteine erhielt. Diese Komposition verstärkt das harmonische Gesamtbild der Kabine und fügt sich nahtlos in die kreisförmige Raumstruktur ein. Das Spa wird durch ein Hammam ergänzt, in dem das Oval ein nicht viel weniger abgerundetes, prägendes Element darstellt. Hier schaffen rustikale Fliesen an Wänden, Waschstein und Waschtischkonsole sowie weitere indirekte Lichtbänder eine ebenso stimmungsvolle Atmosphäre. Sauna und Hammam bilden hier das charakteristische Herzstück eines Spa-Bereichs, der traditionelle Elemente mit moderner Gestaltung verbindet.

Fotos: Frederik Wissink

Fotos: Alex Filz

IMMOBILIE/ORT:
Hotel in Val di Fassa, Italien

SAUNA-DESIGNER:
NOA
www.noa.network

WAS DIESES SAUNA-DESIGN BESONDERS MACHT:

In Val di Fassa wurde für das Olympic Spa Hotel eine besondere Sauna realisiert, die NOA als eigenständigen Baukörper auf einer erhöhten Metallkonstruktion entwarf, sodass sie sich auf Augenhöhe mit den umliegenden Baumwipfeln befindet. Eine Holzbrücke führt vom Hotelgelände zu dem hölzernen Gebäude, das sich harmonisch in die Landschaft einfügt und zugleich eine klare, moderne Formsprache zeigt. Der Saunaraum selbst öffnet sich vollständig über eine große Glasfront zum Bergpanorama, wodurch der Ausblick zum bestimmenden Element wird. Das Interieur tritt bewusst zurück: Wände, Liegeflächen und die Verkleidung des Saunaofens sind komplett in Schwarz gehalten, ergänzt durch einen Boden aus anthrazitfarbenen Fliesen. Der helle Fassadenüberstand hinter der Verglasung setzt hierzu einen starken Kontrast. Die leicht schräge Seitenwand verstärkt den architektonischen Charakter und verleiht dem Raum zusätzliche Dynamik. Durch diese reduzierte Gestaltung richtet sich die Aufmerksamkeit der Gäste vollständig auf die Natur. Die Sauna ist damit ein Teil eines umfassenden Konzepts, das die Verbindung von Architektur und Landschaft betont und den Aufenthalt im Wellnessbereich zu einem intensiven Naturerlebnis macht.

DESIGN-DETAIL:
Das neu geschaffene Saunagebäude erhebt sich auf Metallfüßen weit über den Boden – die bringen es auf eine Höhe mit den Wipfeln der Bäume davor. Die Terrasse neben der Sauna steht zum Abkühlen und ‚Durchatmen' bereit.

Fotos: Alex Filz

IMMOBILIE/ORT:
Hotel in Soprabolzano, Italien

SAUNA-DESIGNER:
NOA
www.noa.network

WAS DIESES SAUNA-DESIGN BESONDERS MACHT:

Am Fuß des Ritten, einem weitläufigen Bergrücken im Südosten der Sarntaler Alpen in Oberbozen, erhebt sich das von Noa entworfene, stylishe Bed-&-Breakfast-Hotel Aeon, in dem sich ein zweitöniger Grundfarbkanon im wahrsten Sinne des Wortes durch das gesamte Gebäude zieht. Und damit natürlich auch durch die Finnische Sauna des luxuriösen Adults-Only B&B. Die durchbricht klassische Muster, ist sie doch mit großflächigen Holzpaneelen ausgekleidet. Durch eine Glastüre wird der geräumige Saunaraum betreten, wobei der Blick unmittelbar auf den zentral platzierten Saunaofen fällt. Die Saunabänke auf zwei Höhen gehen links und rechts der Türe ab – auf der einen Seite enden sie vor einer Panoramaverglasung mit Blick über Wald und Feld, auf der anderen schmiegen sie sich L-förmig um beide Wände. Die vierte Wand wirkt dank einer dekorativen trapezförmigen Verglasung mit vorgesetztem Brise Soleil aus Holzlamellen als aussichtsreicher Eyecatcher, die asymmetrische Anordnung des Fensters durchbricht gekonnt die Konformität des Raumes. Neben der Finnischen Sauna steht zudem ein Dampfbad bereit, das ebenfalls farblich im hoteltypischen Hell-Dunkel-Kontrast, aber in perfekter Symmetrie auftritt. Terrasse und Infinity Pool des Hotels stehen zur Abkühlung bereit und erweitern das Saunaerlebnis in den Außenraum.

DESIGN-DETAIL:
Das grundlegende Farbkonzept des Hotels basiert auf einem starken Hell-Dunkel-Kontrast, der auch in der Sauna präsent ist. Den hellen Part übernimmt dort das erlesene Holz, aus dem Bänke, Wandpaneele und Kopfstützen gefertigt sind.

Ruheraum

DESIGN-DETAIL:
Passend zur Außenverkleidung der Sauna wurde die Decke mit Holzlamellen verkleidet, um den Vorraum optisch zu strecken. Das schmale längliche Fenster in der Sauna unterstützt diese Wirkung und gewährt Ausblick beim Saunieren.

WAS DIESES SAUNA-DESIGN BESONDERS MACHT:

Für das Apart Hotel Lang in Altenahr realisierte die Nordö Saunabau Manufaktur eine maßgeschneiderte Sauna, die den Gästen der exklusiven Apartments als Rückzugsort zur Verfügung steht. Die Sauna wurde in einem länglichen, eher schmalen Durchgangszimmer zum Ruheraum platziert, was hohe Anforderungen an Planung und Gestaltung stellte. Die Planungsfirma Raumkonzept Pehl entwickelte dafür ein ganzheitliches Raumkonzept, das Nordö gemeinsam mit der befreundeten Schreinerei Benz umsetzte, die unter anderem die maßgefertigten Möbel beisteuerte. Um dem Raum trotz seiner Enge mehr Großzügigkeit zu verleihen, wurde die moderne Leistenoptik der Saunafassade an der Decke fortgeführt und überspannt nun den schmalen Flur, der durch den Saunabau entstand. In die Lamellen integrierte Lichtspots sowie ergänzende indirekte Lichtquellen, etwa unter der Sitzbank, sorgen für eine helle, gleichmäßige Ausleuchtung des Zimmers. Auch das Innere der Sauna wird stimmungsvoll inszeniert, hier durch einen umlaufenden LED-Lichtkranz an der Decke. Das Saunainterieur selbst ist klar und reduziert gestaltet, mit L-förmigen Liegebänken auf zwei Ebenen. Gleichzeitig erhält es durch den warmen Farbton und die lebendige Maserung der verwendeten Thermopinie eine starke Ausdruckskraft. Als besonderes i-Tüpfelchen bekam die Sauna schließlich noch ein schmales Panoramafenster, das Einblicke minimiert, aber den Ausblick beim Saunieren erlaubt – in diesem Fall schweift der Blick durch das vorgelagerte Zimmerfenster hindurch direkt auf die Burgruine Are.

IMMOBILIE/ORT:
Apart Hotel Lang in Altenahr

SAUNA-DESIGNER:
Nordö Saunabau Manufaktur GmbH
Auf der Hohl 5
53547 Dattenberg

KONTAKT:
Tel. +49 (0)2644 3339
info@nordoe.de
www.nordoe.de

WEITERE BETEILIGTE:
Raumkonzept Pehl
Schreinerei Benz

DESIGN-DETAIL:
Die dekorativen Holzspäne, die an beiden Saunaseiten den Boden verdecken, stellen nicht nur ein außergewöhnliches Merkmal der Sauna dar, sie laden die Saunagäste sogar zur aktiven Begegnung mit dem Naturelement ein.

WAS DIESES SAUNA-DESIGN BESONDERS MACHT:

Im ganz auf Wellness ausgerichteten Hotel Heinz in Höhr-Grenzhausen wurde von der Nordö Saunabau Manufaktur eine Sauna realisiert, die sich durch eine materialbetonte und zugleich klare Gestaltung auszeichnet. Der Innenraum ist vollständig mit Zirbenholz ausgekleidet, wobei großformatige Paneele horizontal verlegt wurden und trotz ihres rustikalen Astbilds eine ruhige, moderne Flächigkeit erzeugen. Die Sitzbank sowie die beiden Beinauflagen bestehen aus Thermo-Pinie und sind so dimensioniert, dass die Sauna primär für zwei Personen ausgelegt ist, bei Bedarf jedoch Platz für eine weitere Person bietet. Eine Besonderheit stellt der Bodenaufbau dar: Ein schmaler ‚Steg' aus Thermo-Pinie führt durch zwei Felder aus dekorativen Holzspänen, die nicht nur ein markantes Gestaltungselement bilden, sondern auch den Bezug zum Naturmaterial Holz verstärken. Die Saunaecke hinter dem Ofen ist mit dem Naturstein Grigio Perla in geschichteter Blockoptik ausgeführt und bildet einen deutlichen Kontrast zu den warmen Holzoberflächen. Davor steht ein Saunaofen von Huum, dessen Konstruktion mit hoher Steinmasse auf eine gleichmäßige Wärmespeicherung ausgelegt ist. In ihrer Gesamtheit zeigt sich die Sauna als kompakter, sorgfältig ausgearbeiteter Raum, in dem Materialien, Oberflächen und Proportionen aufeinander abgestimmt sind.

IMMOBILIE/ORT:
Hotel Heinz in Höhr-Grenzhausen

SAUNA-DESIGNER:
Nordö Saunabau Manufaktur GmbH
Auf der Hohl 5
53547 Dattenberg

KONTAKT:
Tel. +49 (0)2644 3339
info@nordoe.de
www.nordoe.de

WEITERE BETEILIGTE:
Saunaofen: Huum

DESIGN-DETAIL:
Die Wollsauna ist als Erlebnis und weniger auf das eigene Erleben ausgelegt. Saunameister führen durch spezielle Rituale, die bereits vor der Kabine beginnen und auch enden. Spezielle Utensilien dafür dekorieren den Vorraum der Sauna.

WAS DIESES SAUNA-DESIGN BESONDERS MACHT:

Im Ziedlejas Wellnessresort in Lettland entstand mit der Wollsauna eine besondere Saunaanlage, die von Open Architecture Design entworfen und umgesetzt wurde und sich bewusst abgesetzt von den übrigen Gebäuden auf einer Anhöhe befindet. Erreicht wird sie über einen geschwungenen Holzsteg, der als Teil des besonderen Saunarituals konzipiert ist und den Übergang in die Saunakultur begleitet. Der aufgeständerte Baukörper zeigt sich außen als zurückhaltende Holzkonstruktion, die eine zeltartige Saunakabine umschließt. Diese eigentliche Sauna bildet einen runden Raum, der um einen holzbefeuerten Ofen zentriert ist. Die Innenwände sind mit Wolle verkleidet, einem Material, das in dieser Form nicht zur lokalen lettischen Saunatradition gehört, hier jedoch gezielt eingesetzt wird. Bei Erwärmung setzt die Wolle Lanolin frei, dem eine hautpflegende, schützende Wirkung zugeschrieben wird, was den Aufenthalt um eine sensorische Ebene erweitert. Die maßgefertigten Einbauten und Sitzmöbel sind auf die Abläufe der speziellen Saunarituale abgestimmt und unterstützen sowohl Gäste als auch die Saunameister. In unmittelbarer Nähe zur Kabine wurde ein Tauchbecken angelegt, das den fehlenden natürlichen Wasserzugang kompensiert. Die Materialkombination aus Holz, Metall, Beton und textilen Oberflächen verbindet die Wollsauna gestalterisch mit den weiteren Saunabauten des Resorts, unterstreicht aber auch ihren eigenständigen Charakter.

IMMOBILIE/ORT:
Wellnessresort in Krimulda Parish, Lettland

SAUNA-DESIGNER:
Open Architecture Design
www.oad.archi

PARK HOTEL AI CAPPUCCINI | GUBBIO

DESIGN-DETAIL:
Diese Spezialsauna nennt sich Raxul. Sie ist in der Lage, alle Temperaturphasen der antiken römischen Bäder nacheinander zu erzeugen. Und das in einer privaten Atmosphäre, die durch warmes Licht und einen Sternenhimmel geschaffen wird.

WAS DIESES SAUNA-DESIGN BESONDERS MACHT:

Im Park Hotel Ai Cappuccini in Gubbio, Italien, ist der Spa-Bereich mit einer vielschichtige Saunalandschaft ausgestattet, in der mehrere Wärmeformen nebeneinander bestehen. Zwei klassische Saunen bilden ein direktes Doppel und sind jeweils für ein finnisches sowie ein gemäßigteres Saunaklima ausgelegt. Beide Kabinen stehen unmittelbar nebeneinander und teilen sich eine nahezu raumhohe Glasfront, die von einem umlaufenden Holzrahmen umrahmt wird. Geschlossene Wand- und Deckenanschlüsse verleihen der Anlage eine ruhige, nischenartige Wirkung. Der konstruktive Aufbau der beiden Saunen ist identisch, lediglich die Position der Glastüren variiert und liegt jeweils am äußeren Rand. Flexible Kopfstützen ermöglichen unterschiedliche Sitz- und Liegepositionen. Inszeniert werden die Kabinen durch indirekte Beleuchtung in einem dunklen Blauton, der als gestalterisches Leitelement im gesamten Spa eingesetzt wird. Angrenzend führen Gänge zu weiteren Angeboten wie dem Dampfbad, das in unmittelbarer Nähe zu einem oktogonalen Trinkbrunnen liegt und ebenfalls in sanftes blaues Licht getaucht ist. Ergänzt wird das Angebot durch ein Raxul von Starpool, eine spezielle Wärmekabine, deren Raumkonzept an historische Anwendungen der römischen Thermenkultur angelehnt ist und das Spektrum der Saunalandschaft erweitert.

IMMOBILIE/ORT:
Wellnesshotel in Gubbio, Italien

SAUNA-DESIGNER:
Park Hotel Ai Cappuccini
www.parkhotelaicappuccini.it

Fotos: Christian Buck

WAS DIESES SAUNA-DESIGN BESONDERS MACHT:

Im Wohlfühlhotel Alte Rebschule entstand mit dem „SPA Rebenmeer“ eine umfassende Saunalandschaft, die von Sauna-Bau K. Jockers in Kooperation mit Thurner Generalplanung realisiert wurde. Herzstück ist die Finnische Aufguss-Sauna, die mit einer großflächigen Panoramaverglasung ausgestattet ist und den Blick über die Weinreben von Rhodt freigibt. Das Interieur ist modern und reduziert gehalten: längliche Hemlock-Platten prägen die Wandflächen und gruppieren sich um den zentral positionierten „Orbit“-Saunaofen von EOS. Ergänzt wird das Angebot durch eine Biosauna, deren Innenraum klassisch mit Fichtenholz verkleidet ist – hier sorgt der Saunaofen „BlackRock“ von EOS mit integriertem Dampfgenerator für ein gemäßigtes Saunaklima. Eine weitere Station bildet die Infrarotkabine, die ebenfalls mit Fichte ausgekleidet ist und in Verbindung mit einer Panoramatapete gestaltet wurde. Unterschiedliche Infrarotstrahler von Sentiotec ermöglichen dort gezielte Wärmeanwendungen im Sitzen oder Stehen. Den Abschluss der Saunalandschaft bildet ein großzügiges Römisches Dampfbad, dessen Wände und Sitzflächen mit Fliesen von Mirage ausgeführt sind. Im Herzen der Pfalz kommt der Wein- und Wellnessgenießer nun voll auf seine Kosten – nach einer Wanderung durch die malerischen Weinberge lädt diese Saunalandschaft zum Entspannen und Verweilen ein.

DESIGN-DETAIL:

Im klassischen Saunaflair lässt sich in der Biosauna des Wohlfühlhotels Alte Rebschule ein gemäßigteres Saunaklima genießen. Neben indirekter Beleuchtung in den Rückenlehnen beleuchten Deckenspots gezielt Highlights wie den Saunaofen oder das Weinpiktogramm.

IMMOBILIE/ORT:
Wohlfühlhotel Alte Rebschule in Rhodt unter Rietburg

SAUNA-DESIGNER:
Sauna-Bau K. Jockers GmbH
Siemensstraße 16
67454 Haßloch

KONTAKT:
Tel. +49 (0)6324 92430
info@jockers.de
www.jockers.de

WEITERE BETEILIGTE:
Thurner Generalplanung GmbH
Bahnhofstraße 102
5760 Saalfelden (Österreich)

Saunaöfen/Steuerungen: EOS
Beleuchtung: Licht 2000
Dampfbadkorpus: Wedi
Dampfgenerator: EOS
Fliesen: Mirage
IR-Strahler: Sentiotec
Alu-Türzargen: Küffner

DESIGN-DETAIL:
Es muss ja nicht immer Holz sein, im Gegenteil – ein Aufgusseimer aus Kupfer hat neben dem praktischen auch einen hochdekorativen Effekt, hebt er sich doch gekonnt von dem in der Regel hölzernen Saunainterieur ab.

WAS DIESES SAUNA-DESIGN BESONDERS MACHT:

Im Skyra Retreat im finnischen Saarenkylä verfügt die große Suite über eine private Sauna, die als zentrales Element in das Badezimmer integriert ist. Die kompakte Kabine ist auf zwei Seiten vollständig verglast und öffnet sich damit zum übrigen Raum. Im Inneren prägen astlose Holzoberflächen in dunklen Schokoladentönen die Gestaltung. Schmale, vertikal ausgerichtete Lamellen verkleiden die Wände, während die Sitz- und Liegebänke dieses Motiv in breiterer Dimension aufnehmen. Trotz der kompakten Abmessungen sind zwei Höhenniveaus ausgebildet, die unterschiedliche Sitzpositionen ermöglichen. Der Saunaofen ist in die untere Bank integriert und bleibt nahezu vollständig verborgen. Lediglich der obere Bereich mit den Saunasteinen ist sichtbar und erlaubt Aufgüsse mit Wasser aus dem dekorativen Kupfereimer. Die Anordnung unterstützt eine ruhige, reduzierte Raumwirkung. Direkt angrenzend liegt der offene Duschbereich, der die Kabine funktional ergänzt und kurze Wege für die Abkühlung zwischen den Saunagängen bietet – Kopf- und Handbrause stehen dafür unmittelbar zur Verfügung. Die Sauna ist klarer Mittelpunkt des privaten Wellnesskonzepts der Suite.

IMMOBILIE/ORT:
Große Hotelsuite in Saarenkylä, Finnland

SAUNA-DESIGNER:
Skyra Retreat
www.skyraretreat.com

WAS DIESES SAUNA-DESIGN BESONDERS MACHT:

Im The Plein Hotel in Mailand ist die Sauna integraler Bestandteil mehrerer Spa-Deluxe-Zimmer und -Suiten und ermöglicht private Wärmeanwendungen direkt im eigenen Wohnbereich. Die Planung folgt einem klaren, modernen Gestaltungskonzept, das den charakteristischen Stil des Hauses widerspiegelt. Die Saunen sind überwiegend als kompakte Kuben aus schwarz getöntem Glas ausgeführt, wodurch sie eine zurückhaltende Präsenz und eine abgeschirmte Atmosphäre erhalten. Im Inneren kontrastieren die dunklen Glasflächen mit Wandverkleidungen aus großformatigen Paneelen in rötlich-braunen Holztönen, die zugleich die Verkleidung der kompakten Saunaöfen bilden. Aus demselben Holz sind auch die Sitzbänke gefertigt, die scheinbar aus der Wand herauswachsen und sich L-förmig vor der Glasfläche nach unten abwinkeln. Die Sitzbänke bieten nur ein Höhenniveau und überschaubaren Platz, sind sie doch auf das Saunieren zu zweit ausgelegt. Für die richtige Stimmung sorgt eine indirekte Beleuchtung, die als Lichtband entlang der Sitzfläche verläuft und das erlesene Holz in einen warmen Glanz taucht. Die Saunen sind jeweils den Badezimmern zugeordnet, die mit ausgewählten Marmoren gestaltet sind und über großzügige Walk-in-Duschen verfügen, wodurch sich Hitze- und Abkühlungsphasen gut verbinden lassen.

DESIGN-DETAIL:

Mit elegant schwarzem Glas wurde für eine einheitliche Optik auch der Hohlraum oberhalb der Sauna bis zur Zimmerdecke kaschiert. Mit großen Löchern gleichmäßig perforierte Glaselemente sorgen für die notwendige Entlüftung des Bereichs.

IMMOBILIE/ORT:

Luxushotel in Mailand, Italien

SAUNA-DESIGNER:

The Plein Hotel
www.thepleinhotel.com

IMMOBILIE/ORT:
Wellnesshotel in Lipperswil, Schweiz

SAUNA-DESIGNER:
Wellnesshotel Golfpanorama
www.golfpanorama.ch

WAS DIESES SAUNA-DESIGN BESONDERS MACHT:

Im Wellnesshotel Golfpanorama in Lipperswil ist die Saunalandschaft als ruhiger Rückzugsbereich innerhalb des Hauses angelegt und verbindet moderne Gestaltung mit klar strukturierter Nutzung. Den Kern bilden eine Finnische Sauna mit einer Temperatur von rund 85 Grad sowie eine Bio-Sauna, die mit etwa 60 Grad ein milderes Saunaklima bietet. Beide Saunen sind in eine gedämpft beleuchtete Umgebung eingebettet, die bewusst auf Ruhe und Entschleunigung ausgerichtet ist. Die Innenräume sind zurückhaltend gestaltet und unterstützen mit warmem Ambiente und reduzierter Lichtführung die entspannte Nutzung. Ergänzt wird das Angebot durch ein Dampfbad, das die Saunalandschaft um eine feuchte Wärmeform erweitert. Für die Abkühlung zwischen den Saunagängen stehen ein Tauchbecken sowie ein Kneippgang zur Verfügung, die den Wechsel von Wärme und Kälte gezielt unterstützen. Ein Pool ergänzt den Wellnessbereich und ermöglicht eine aktive Nutzung vor oder nach dem Saunieren. Im Anschluss öffnet sich der Bereich zur Terrasse, von der aus sich der Blick in die umgebende Landschaft richtet. Die Saunalandschaft ist damit funktional klar gegliedert und in ein Gesamtkonzept eingebunden, das Erholung, Bewegung und bewusste Pausen miteinander verbindet.

DESIGN-DETAIL:
Auch dem Dampfbad wurde in der Saunalandschaft viel Platz eingeräumt. Der Appendixraum führt die dunkle Wandgestaltung des Spabereichs nahtlos fort, setzt aber mit seinen doppelreihigen Sitzbänken in hellem Glasmosaik einen Kontrapunkt.

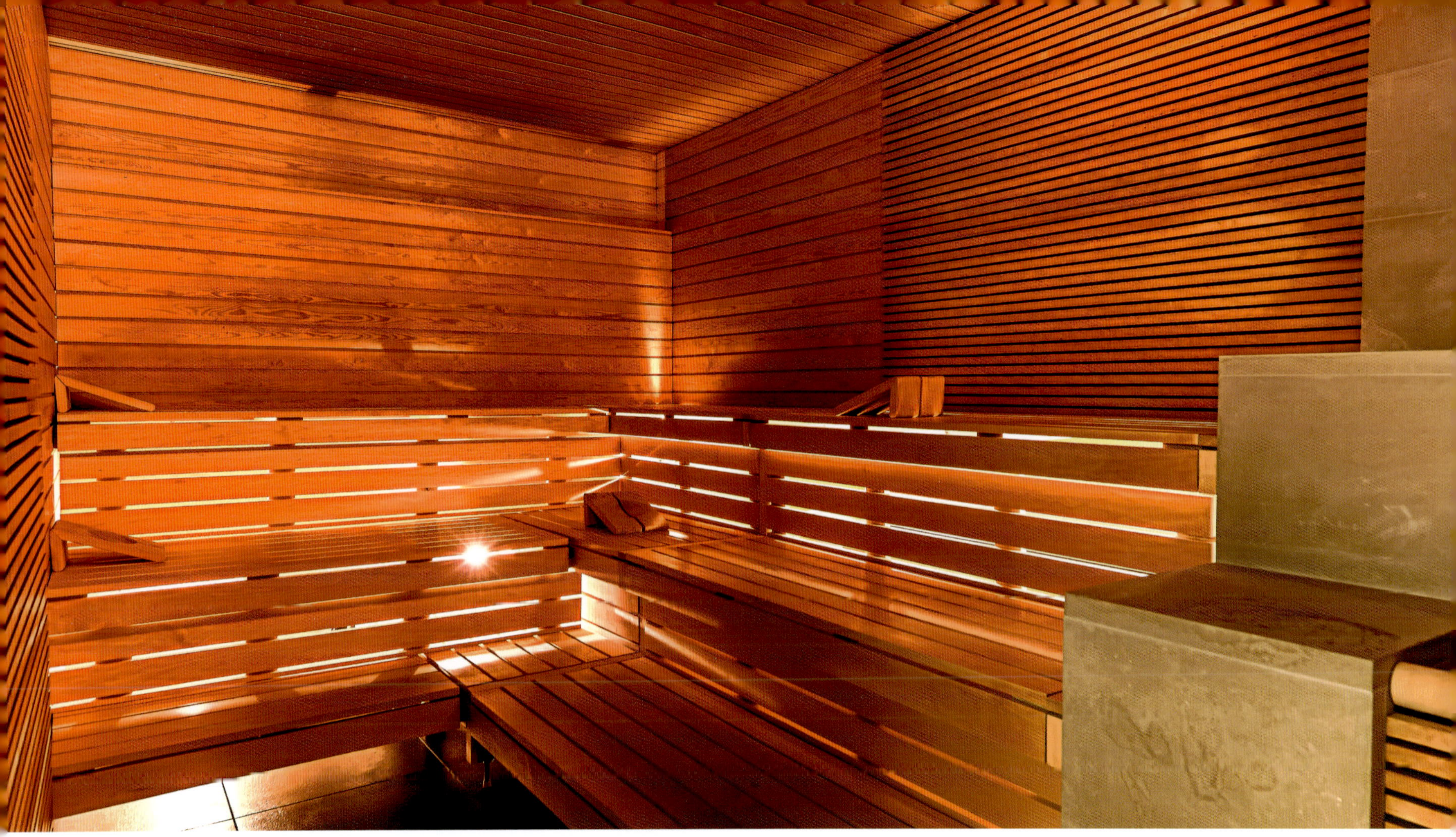

TÜRE SCHLIESSEN
90°
TEXTILFREIE ZONE
NÄCHSTER AUFGUSS

WAS DIESES SAUNA-DESIGN BESONDERS MACHT:

Das Wine & Books Porto Hotel ist eine luxuriöse Oase in der idyllischen Küstenstadt im Nordwesten Portugals. Das gilt auch für das hauseigene Wine & Books Spa, das von exklusiven Materialien durchzogen wird. Der außergewöhnliche Schwimmbeckenbesatz aus kleinen Glasmosaiken zieht sich bis hoch an die Decke und sorgt so für eine nahtlose Optik. Daneben führt ein breiter Gang mit expressiv marmorierten Feinsteinzeugfliesen, der Patz für bequeme Relaxliegen mit Baldachin bietet, zur gläsernen Eingangstüre des Hallenbads. Die ist in einer Glasfront eingelassen, die nahezu die gleiche Breite wie die Saunakabine dahinter aufweist – so wird sie zum wesentlichen Bestandteil des Spa-Bereichs, obwohl sie gar nicht im großen Hauptraum ist. Auch bleibt der Blick aus der Sauna in die Schwimmhalle völlig frei, denn sie hat ebenfalls eine vollverglaste Frontseite mit Glastüre. Und auch die zweite offene Seite lässt dank nahezu Vollverglasung Ein- und Ausblicke zu. Die Bänke der passend zum Spa-Bereich komplett aus hellem Holz gefertigten Saunakabine befinden sich an den beiden Wandseiten und zeigen einen kleinen, aber feinen Designkniff – während die Latten der einen Wand in gleicher Ausrichtung am Boden fortgeführt werden, verlaufen die der Decke analog der anderen Wand und damit über Kreuz zum Boden. Die Bänke der Sauna erstrecken sich auf zwei Höhenniveaus, in der unteren ist zudem der elegante runde Saunaofen integriert.

DESIGN-DETAIL:
Es sind auch die kleinen Details, die diese Sauna so chic machen. Etwa die überstehenden horizontalen Zierleisten zwischen den vertikalen Brettern, die den Bänken ihre Form geben. Der Steinkorb des Saunaofens ist in die Bank eingebettet.

IMMOBILIE/ORT:
Boutique Hotel in Porto, Portugal

SAUNA-DESIGNER:
Wine & Books Porto Hotel
porto.winebookshotels.com

*DIE 100ste SAUNA

Nachdem wir Ihnen nun 99 Saunen lang Lust auf eine eigene, stilvolle Traumsauna gemacht haben, möchten wir Ihnen nachfolgend noch 10 Tipps für deren Realisierung mit auf den Weg geben.

Foto aus einem Wohnhaus in Zürich. Die Sauna dazu finden Sie auf Seite 54.

Tipp 1: Fachleute kontaktieren

Der Weg zur eigenen Designsauna beginnt idealerweise mit der Einbindung von Fachleuten. Eine Sauna ist ein komplexes Zusammenspiel aus Architektur, Technik, Materialität und Nutzung – weit mehr als ein abgeschlossener Holzraum mit Ofen. Professionelle Saunabauer, Wellnessplaner oder spezialisierte Innenarchitekten bringen nicht nur Erfahrung mit, sondern auch ein tiefes Verständnis für bauphysikalische Zusammenhänge, Sicherheitsanforderungen und langfristige Nutzung. Bereits im ersten Beratungsgespräch wird geklärt, welche Saunaform sinnvoll ist, wie viel Platz realistisch zur Verfügung steht und welche Art des Saunierens gewünscht wird. Fachleute berücksichtigen dabei Aspekte, die bei einer Eigenplanung leicht übersehen werden, etwa Mindestabstände, Brandschutz, Belüftungskonzepte, Feuchtigkeitsabfuhr oder die korrekte Dimensionierung der Technik. Sie denken zudem frühzeitig an Details wie ergonomische Sitzhöhen, angenehme Liegenlängen und eine stimmige Anordnung der Elemente im Raum. Auch die Auswahl geeigneter Materialien profitiert von Erfahrung, da nicht jedes Holz, jede Verglasung oder jede Oberfläche für den Saunabetrieb geeignet ist. Die Zusammenarbeit mit Fachleuten sorgt dafür, dass aus einer Idee ein durchdachtes Gesamtkonzept entsteht, das technisch funktioniert, gestalterisch überzeugt und langfristig Freude bereitet.

Tipp 2: Inspiration sammeln

Bevor konkrete Entscheidungen getroffen werden, ist es sinnvoll, sich intensiv mit dem Thema Sauna auseinanderzusetzen und Inspiration zu sammeln. Den ersten Schritt sind Sie ja mit diesem Bildband schon gegangen. Saunen sind heute so vielfältig gestaltet wie Wohnräume – von puristischen Kabinen bis hin zu architektonisch geprägten Rückzugsorten. Inspirationsquellen können neben diesem Buch auch Designmagazine, Hotelaufenthalte oder Spa-Besuche sein. Dabei geht es weniger darum, einzelne Elemente zu kopieren, sondern vielmehr darum, ein Gefühl für Raumwirkung, Atmosphäre und Proportionen zu entwickeln. Welche Saunen wirken ruhig und geborgen, welche offen und kommunikativ? Welche Materialien sprechen emotional an? Welche Lichtstimmungen fördern Entspannung? Das bewusste Betrachten solcher Aspekte hilft, die eigenen Vorlieben zu erkennen. Ein Moodboard – analog oder digital – kann dabei unterstützen, Eindrücke zu ordnen und wiederkehrende Muster sichtbar zu machen. Oft zeigt sich erst beim Sammeln von Inspiration, ob man sich zu warmen, dunklen Räumen hingezogen fühlt oder eher zu hellen, reduzierten Konzepten. Diese Phase der Orientierung ist entscheidend, um später klare Entscheidungen treffen zu können und die Sauna als persönlichen Ort zu begreifen, nicht als rein funktionales Element.

Tipp 3: Budget realistisch festlegen

Eine realistische Budgetplanung ist die Grundlage jedes erfolgreichen Saunaprojekts. Neben den Kosten für die Saunakabine selbst müssen auch Ausgaben für Technik, Steuerung, Elektroinstallation, Beleuchtung, Belüftung sowie eventuell notwendige bauliche Anpassungen berücksichtigt werden. Je nach Einbausituation können zusätzliche Arbeiten anfallen, etwa für Abdichtung, Bodenaufbau oder Wandkonstruktionen. Auch Verglasungen, Sonderanfertigungen oder individuelle Designlösungen wirken sich natürlich auf das Budget aus. Eine frühzeitige Festlegung des finanziellen Rahmens hilft, Prioritäten zu setzen und unnötige Kompromisse zu vermeiden. Dabei ist es sinnvoll, einen Puffer einzuplanen, um auf unvorhergesehene Anforderungen reagieren zu können. Die bewusste Entscheidung, in bestimmten Bereichen zu investieren – etwa in hochwertige Materialien oder zuverlässige Technik – zahlt sich jedenfalls langfristig aus. Ein klar definiertes Budget erleichtert zudem die Zusammenarbeit mit Fachleuten, da Lösungen gezielt auf den vorhandenen Rahmen abgestimmt werden können.

Tipp 4: Nutzung und Rituale klären

Eine Sauna entfaltet ihren Wert vor allem dann, wenn sie zum Lebensstil ihrer Nutzer passt. Deshalb sollte frühzeitig überlegt werden, wie die Sauna denn eigentlich genutzt werden soll. Dient sie der regelmäßigen Entspannung im Alltag oder eher dem ausgedehnten Saunaritual am Wochenende? Wird sie überwiegend allein genutzt oder gemeinsam mit Familie und Gästen? Auch die gewünschte Aufenthaltsdauer spielt eine Rolle, ebenso wie persönliche Vorlieben hinsichtlich Temperatur und Atmosphäre. Diese Überlegungen beeinflussen Größe, Grundriss und Ausstattung der Sauna maßgeblich. Eine auf Kommunikation ausgelegte Sauna benötigt andere Proportionen als ein introvertierter Rückzugsraum. Wer die Sauna als festen Bestandteil des Alltags versteht, legt möglicherweise Wert auf kurze Wege und einfache Bedienung. Klar definierte Nutzungsgewohnheiten helfen dabei, eine Sauna zu planen, die nicht nur beeindruckt, sondern tatsächlich regelmäßig genutzt wird.

Tipp 5: **Raum und Ambiente planen**

Die Atmosphäre einer Sauna entsteht nicht allein durch Wärme, sondern durch das fein abgestimmte Zusammenspiel von Licht, Luft und Materialien. Gerade die Beleuchtung spielt dabei eine zentrale Rolle, denn sie beeinflusst maßgeblich, wie der Raum wahrgenommen wird und wie intensiv Entspannung empfunden wird. Statt einer gleichmäßigen, funktionalen Ausleuchtung empfiehlt sich ein differenziertes Lichtkonzept, das mit indirekten Lichtquellen arbeitet. LED-Bänder unter Sitzbänken, hinter Rückenlehnen oder in Deckenfugen schaffen Tiefe, lassen Flächen schweben und betonen die Architektur des Raums, ohne zu blenden. Warmes Licht unterstützt das Gefühl von Geborgenheit, während gezielt eingesetztes Farblicht – wenn bewusst und zurückhaltend genutzt – unterschiedliche Stimmungen erzeugen kann. Wichtig ist, dass alle Lichtquellen hitze- und feuchtigkeitsbeständig sind und sich komfortabel steuern lassen, idealerweise auch von außerhalb der Sauna. Ebenso entscheidend für das Wohlbefinden ist das Raumklima. Eine gut geplante Sauna verfügt über eine präzise abgestimmte Be- und Entlüftung, die für frische Luft sorgt, ohne Zugluft zu erzeugen. Sauerstoffreiche Luft unterstützt die Entspannung und verhindert ein unangenehm drückendes Hitzegefühl. Die Positionierung von Zu- und Abluftöffnungen beeinflusst maßgeblich die Luftzirkulation und sollte daher auf jeden Fall fachgerecht geplant werden. Auch die Wahl der Materialien trägt zur Klimaregulierung bei: Hölzer mit guten hygroskopischen Eigenschaften nehmen Feuchtigkeit auf und geben sie wieder ab, was zu einem ausgeglichenen, angenehmen Saunaklima beiträgt. Licht und Klima sollten stets gemeinsam gedacht werden. Erst wenn Temperatur, Luftqualität und Beleuchtung harmonieren, entsteht jene ruhige, konzentrierte Atmosphäre, die eine Sauna zu einem echten Rückzugsort macht. Wer diesen Aspekt von Anfang an ernst nimmt, schafft nicht nur einen funktionalen Wärmeraum, sondern einen Ort, der alle Sinne anspricht und langfristig zur Erholung beiträgt.

Tipp 6: **Materialien mit Bedacht wählen**

Die Materialwahl ist einer der prägendsten Punkte bei der Planung einer privaten Sauna, denn sie beeinflusst sowohl die Atmosphäre als auch das langfristige Nutzungserlebnis. Holz spielt dabei meist die Hauptrolle, doch Holz ist nicht gleich Holz. Unterschiedliche Holzarten reagieren verschieden auf Hitze, Feuchtigkeit und Alterung. Helle Hölzer wie Espe oder Hemlock wirken ruhig, leicht und zeitlos, während dunklere Hölzer eine stärkere Geborgenheit erzeugen und dem Raum mehr Tiefe verleihen. Neben der Farbwirkung ist auch die Haptik entscheidend: Oberflächen sollten sich auch bei hohen Temperaturen angenehm anfühlen und keine Harze oder Gerüche abgeben. Ergänzende Materialien wie Glas, Naturstein oder Metall können gezielt eingesetzt werden, um Kontraste zu schaffen oder architektonische Akzente zu setzen. Großzügige Verglasungen öffnen den Raum optisch und stellen Bezüge zur Umgebung her, während Steinflächen eine erdende Wirkung entfalten und Wärme speichern. Wichtig ist dabei stets die Zurückhaltung: Eine reduzierte, gut aufeinander abgestimmte Materialpalette sorgt für Ruhe und Langlebigkeit. Materialien sollten nicht nur ästhetisch überzeugen, sondern auch funktional sinnvoll altern, denn eine Sauna gewinnt mit der Zeit an Charakter, wenn sie aus hochwertigen, ehrlichen Werkstoffen besteht.

Tipp 7: **Licht als Gestaltungselement**

Licht ist in der Sauna weit mehr als ein funktionales Mittel zur Orientierung. Es prägt die Stimmung des Raumes und beeinflusst maßgeblich, wie intensiv Entspannung wahrgenommen wird. Eine gute Lichtplanung arbeitet mit indirekten Lichtquellen, die Blendungen vermeiden und dem Raum eine sanfte, gleichmäßige Helligkeit verleihen. Lichtlinien unter Sitzflächen, hinter Rückenlehnen oder entlang von Wandkanten erzeugen Tiefe und lassen die Architektur subtil hervortreten. Punktuelle Akzente können gezielt Materialien oder Raumzonen betonen, ohne Unruhe zu erzeugen. Die Farbtemperatur des Lichts spielt dabei eine entscheidende Rolle: Warmes, leicht gedämpftes Licht unterstützt die entspannende Wirkung der Hitze und harmoniert mit den natürlichen Farbtönen des Holzes. Idealerweise lässt sich die Beleuchtung dimmen oder in verschiede-

Foto aus einer Padel-Tennisanlage in Törvandi, Estland. Die Sauna dazu finden Sie auf Seite 24.

Foto aus einem Anwesen in Nordrhein-Westfalen. Die Sauna dazu finden Sie auf Seite 38.

Foto: RivieraPool

nen Szenarien steuern, um sie an Tageszeit, Stimmung und Nutzung anzupassen. Eine durchdachte Lichtgestaltung sorgt dafür, dass die Sauna nicht nur als Funktionsraum wahrgenommen wird, sondern als atmosphärischer Rückzugsort, der Ruhe vermittelt und den Übergang vom Alltag zur Entspannung bewusst unterstützt.

Tipp 8: Ergonomie ernst nehmen

Der Komfort einer Sauna entscheidet darüber, ob sie regelmäßig genutzt oder zur gelegentlichen Ausnahme wird. Ergonomische Aspekte sollten daher von Anfang an in die Planung einfließen. Sitz- und Liegeflächen benötigen ausreichend Tiefe und Länge, um entspanntes Sitzen oder Liegen zu ermöglichen. Leichte Neigungen der Rückenlehnen erhöhen den Komfort erheblich und entlasten die Wirbelsäule. Unterschiedliche Sitzhöhen erlauben es, je nach Vorliebe und Temperaturgefühl die passende Ebene zu wählen. Auch der Abstand zur Decke spielt eine Rolle, da er das Hitzeempfinden beeinflusst. Der Einstieg in die Sauna sollte sicher und bequem gestaltet sein, mit stabilen Trittstufen oder integrierten Bänken. Selbst scheinbar kleine Details wie abgerundete Kanten oder die Position von Haltemöglichkeiten tragen zum Wohlbefinden bei. Eine ergonomisch gut geplante Sauna wirkt selbstverständlich und unaufdringlich, macht aber den entscheidenden Unterschied im Nutzungserlebnis. Sie unterstützt das Loslassen und ermöglicht es, sich ganz auf die Wirkung von Wärme und Ruhe einzulassen.

Tipp 9: Technik bewusst auswählen

Die technische Ausstattung einer privaten Sauna ist weit mehr als eine Frage der Funktion – sie bestimmt maßgeblich das Saunaklima, den Bedienkomfort und die langfristige Zufriedenheit mit der Anlage. Im Zentrum steht dabei der Saunaofen, dessen Leistung exakt auf Raumvolumen, Dämmung und Bauweise abgestimmt sein sollte. Ein zu schwacher Ofen erreicht die gewünschte Temperatur nur langsam oder ungleichmäßig, ein überdimensionierter Ofen kann hingegen zu einem unangenehm aggressiven Hitzegefühl führen. Fachplaner berücksichtigen neben der reinen Kubatur auch Faktoren wie Glasflächen, Materialstärken und Raumhöhe. Darüber hinaus lohnt es sich, früh über die Art der Nutzung nachzudenken: Klassisch Finnisch, sanftere Bio-Sauna, wechselnde Temperaturzonen oder eine Kombination mit Infrarotelementen, die mit zusätzlicher Tiefenwirkung verwöhnen. Moderne Steuerungen ermöglichen eine präzise Regelung von Temperatur, Zeit und gegebenenfalls Luftfeuchtigkeit und lassen sich oft auch per App bedienen. Das erhöht nicht nur den Komfort, sondern erleichtert auch die Integration in den Alltag. Ebenso wichtig sind Aspekte wie Energieeffizienz, Aufheizzeit, Geräuschentwicklung und Wartungsfreundlichkeit. Technik sollte zuverlässig, langlebig und intuitiv bedienbar sein. Sie darf den Raum nicht dominieren, sondern sollte sich gestalterisch unterordnen und leise im Hintergrund arbeiten. Eine bewusst ausgewählte technische Ausstattung sorgt dafür, dass die Sauna nicht nur beeindruckt, sondern über viele Jahre hinweg konstant gute Bedingungen für Entspannung und Regeneration bietet.

Tipp 10: Sauna als Teil des Wohnkonzepts

Eine private Sauna entfaltet ihre größte Wirkung, wenn sie nicht als isoliertes Funktionsobjekt geplant wird, sondern als selbstverständlicher Bestandteil der Architektur und des Wohnkonzepts. Bereits bei der Positionierung im Haus lohnt es sich, über Blickbeziehungen, Wege und Übergänge nachzudenken. Eine Sauna, die sich harmonisch in ein Bad, einen Wellnessbereich oder sogar in den Wohnraum einfügt, wirkt weniger wie ein technischer Einbau und mehr wie ein gestalteter Rückzugsort. Materialien, Farben und Oberflächen sollten auf die umliegenden Räume abgestimmt sein, ohne sich zu stark anzupassen. Ziel ist kein nahtloses Verschmelzen, sondern ein ruhiger Dialog zwischen Sauna und Architektur. In modernen Häusern kann dies durch klare Linien, reduzierte Details und große Glasflächen geschehen, in traditionelleren Umgebungen durch warme Hölzer, handwerkliche Details und eine bewusst ruhigere Formsprache. Auch Licht, Bodenbeläge und angrenzende Funktionsbereiche wie Dusche oder Ruhezone spielen dabei eine Rolle. Eine gut integrierte Sauna wirkt zeitlos und selbstverständlich, sie altert würdevoll mit dem Haus und bleibt auch nach Jahren stimmig. Wer die Sauna als Teil eines ganzheitlichen Wohn- und Lebenskonzepts versteht, schafft nämlich nicht nur einen Ort des Wärmegenusses, sondern einen Raum, der den eigenen Charakter des Hauses ergänzt und die persönliche Wohnqualität dauerhaft erhöht.

So klappt es dann mit der 100sten Sauna – das wird nämlich Ihre!

SAUNA DESIGN
AUSGABE 2025/26
LICHT-SPIELE
BELEUCHTUNG IN DER SAUNA
INFRA-ROT
GESUNDE WÄRME FÜR ZUHAUSE
WÄRME-WUNDER
Verwandeln Sie Ihr Zuhause mit Sauna, Dampfbad & Infrarot in eine Spa-Oase
SAUNA DESIGN >> WÄRME-WUNDER - VERWANDELN SIE IHR ZUHAUSE MIT SAUNA, DAMPFBAD & INFRAROT IN EINE SPA-OASE 2026
1x IM JAHR
DAS PREMIUM-MAGAZIN
FÜR SAUNA-DESIGN
Gleich unter www.btshop.de bestellen

INDEX | DIE SAUNA-DESIGNER

Seite 58
Luciano Gerbilsky Arquitectos
Villa in Valle de Bravo
Mexiko
www.gerbilsky.com

Seite 60
MU Architecture
Haus am See in Ogden
Kanada
www.architecture-mu.com

Seite 62
NOA
Kreatives Wohnhaus in Kastelruth
Italien
www.noa.network

Seite 64
Nordö Saunabau Manufaktur GmbH
Modernes Haus in Bad Salzuflen
53547 Dattenberg
www.nordoe.de

Seite 66
Polarholz GmbH
Ausstellungssauna in Rheinland-Pfalz
55450 Langenlonsheim
www.polarholz-sauna.de

Seite 68
Pumpen Veit OHG
Wohnhaus in Sachsen
09569 Oederan
www.pumpenveit.de

Seite 70
Rund ums Haus GmbH
Wohnhaus in Bietigheim-Bissingen
74177 Bad Friedrichshall
www.ruh-gmbh.com

Seite 72
Rund ums Haus GmbH
Wohnhaus in Ingersheim
74177 Bad Friedrichshall
www.ruh-gmbh.com

Seite 74
Sauna-Bau K. Jockers GmbH
Einfamilienhaus im Rhein-Neckar-Kreis
67454 Haßloch
www.jockers.de

Seite 76
Sauna-Bau K. Jockers GmbH
Wohnhaus im Rhein-Neckar-Kreis
67454 Haßloch
www.jockers.de

Seite 78
SaunaVita GmbH & Co KG
Einfamilienhaus bei Garmisch-Partenkirchen
82418 Murnau
www.saunavita.de

Seite 80
SHS Schmierer GmbH
Villa in Stuttgart
70736 Fellbach
www.schwimmbad-schmierer.de

Seite 82
Snorre Stinessen Architecture
Wohnhaus in Halvarøy
Norwegen
www.bystinessen.com

Seite 84
sunpools SCHIKORA GmbH
Anwesen bei Hamburg
25462 Rellingen
www.sunpools.de

Seite 86
Woodsense GmbH
Trainingsgelände DSC Arminia Bielefeld
33699 Bielefeld
www.woodsense.de

Seite 88
Yiacouvakis Hamelin architectes, yh2
Waldhaus in Saint-Faustin-Lac-Carré
Kanada
www.yh2architecture.com

Seite 92
Avanto Architects Ltd
Moderne Villa in Helsinki
Finnland
www.avan.to

Seite 94
Axel Fröhlich GmbH
Apartment bei Mainz
55120 Mainz
www.axel-froehlich.com

Seite 96
corso sauna manufaktur GmbH
Altstadtvilla in Baden-Württemberg
49565 Bramsche
www.corso-saunamanufaktur.com

Seite 98
Love Schack Architecture
Familiendomizil in Whitefish
USA
www.loveschackarchitecture.com

Seite 100
Maxim Winkelaar Architects
Kubisches Haus in Bemmel
Niederlande
www.maximwinkelaar.com

Seite 102
MICHAELIS Badkultur GmbH & Co. KG
Domizil im Landkreis Eichstätt
85051 Ingolstadt
www.michaelis-badkultur.de

Seite 104
Rund ums Haus GmbH
Wohnhaus in Bretten
74177 Bad Friedrichshall
www.ruh-gmbh.com

Seite 106
Rund ums Haus GmbH
Wohnhaus in Buchen-Hettingen
74177 Bad Friedrichshall
www.ruh-gmbh.com

Seite 108
Rund ums Haus GmbH
Wohnhaus in Heilbronn
74177 Bad Friedrichshall
www.ruh-gmbh.com

Seite 112
ALA Architects
Seegrundstück
Finnland
www.ala.fi

Seite 114
Anneli Wilska
Einfamilienhaus in Hamburg
22587 Hamburg
www.wilska-garten.de

INDEX | DIE SAUNA-DESIGNER

Seite 166
Château des Fleurs
Luxushotel in Paris
Frankreich
www.chateaudesfleurs.paris

Seite 168
Eriro
Alpine Hide in Ehrwald
Österreich
www.eriro.at

Seite 170
Forestis
Wellnesshotel in den Dolomiten
Italien
www.forestis.it

Seite 172
Gáldu Hotel & Spa
Wellnesspavillon in Saariselkä
Finnland
www.galdu.fi

Seite 174
Georg Kammerlochner WellnessDesign
Schlosshotel Kitzbühel
82343 Pöcking
www.luxus-design-saunabau.de

Seite 176
Goldene Rose Karthaus
Hotel in Karthaus
Italien
www.goldenerose.it

Seite 178
Homewood
Spa-Hotel in Bath
England
www.homewoodbath.co.uk

Seite 180
InnoZen GmbH
Gästeapartment in Bad Sassendorf
33104 Paderborn
www.innozen.eu

Seite 182
InnoZen GmbH
Schlossgut Groß Schwansee in Kalkhorst
33104 Paderborn
www.innozen.eu

Seite 184
Klaus Schlenker GmbH
Hotel Atlantic auf Sylt
28816 Stuhr
www.schlenker-gmbh.com

Seite 186
Laubenhütte - Spa Manufaktur GmbH
Gastbetrieb in Oranienburg
27607 Geestland
www.laubenhuette.de

Seite 188
Miramonti Boutique Hotel
Boutiquehotel in Hafling
Italien
www.hotel-miramonti.com

Seite 190
Namia River Retreat
Wellnessresort in Hoi An
Vietnam
www.namiariverretreat.com

Seite 192
NOA
Hotel in Val di Fassa
Italien
www.noa.network

Seite 194
NOA
Hotel in Soprabolzano
Italien
www.noa.network

Seite 196
Nordö Saunabau Manufaktur GmbH
Apart Hotel Lang in Altenahr
53547 Dattenberg
www.nordoe.de

Seite 198
Nordö Saunabau Manufaktur GmbH
Hotel Heinz in Höhr-Grenzhausen
53547 Dattenberg
www.nordoe.de

Seite 200
Open Architecture Design
Wellnessresort in Krimulda Parish
Lettland
www.oad.archi

Seite 202
Park Hotel Ai Cappuccini
Wellnesshotel in Gubbio
Italien
www.parkhotelaicappuccini.it

Seite 204
Sauna-Bau K. Jockers GmbH
Wohlfühlhotel Alte Rebschule
67454 Haßloch
www.jockers.de

Seite 206
Skyra Retreat
Große Hotelsuite in Saarenkylä
Finnland
www.skyraretreat.com

Seite 208
The Plein Hotel
Luxushotel in Mailand
Italien
www.thepleinhotel.com

Seite 210
Wellnesshotel Golfpanorama
Wellnesshotel in Lipperswil
Schweiz
www.golfpanorama.ch

Seite 212
Wine & Books Porto Hotel
Boutique Hotel in Porto
Portugal
porto.winebookshotels.com

Foto aus einer Villa in Abama auf Teneriffa. Die Sauna dazu finden Sie auf Seite 22.

Foto aus dem Wohlfühlhotel Alte Rebschule in Rhodt unter Rietburg. Die Sauna dazu finden Sie auf Seite 204.

Foto: Christian Buck

IMPRESSUM

DIE 99 SCHÖNSTEN SAUNA-DESIGNS*

Die nächste Ausgabe erscheint 2028. Interesse, mit dabei zu sein? 99books.media

© BT Verlag GmbH
Aidenbachstraße 52 a
81379 München
Tel.: +49 (0)89 4570960
99books@bt.de
www.btshop.de

ISBN 978-3-9827813-1-0
1. Auflage 03/2026

BIBLIOGRAFISCHE ANGABEN
DER DEUTSCHE NATIONALBIBLIOTHEK
Die Deutsche Nationalbibliothek verzeichnet diese Publikation in der Deutschen Nationalbibliografie; detaillierte bibliografische Daten sind im Internet über http://dnb.dnb.de abrufbar.

Mitwirkende:
Herausgeber: Heiko Heinemann
Leitung Buchsparte 99 BOOKS:
Florian Hahn, fh@bt.de
Objektleitung:
Uschi Fischer, uf@bt.de

Herstellung: Michaela Joachims

Redaktionelle Mitarbeit:
Haro Annhilf, Barton Berkovic,
Heiko Heinemann, Stella Johanson

Bildnachweise: siehe jeweilige Seite oder Foto

Druck:
PNB Print, Jansili, Silakrogs, Ropažu novads – Lettland
auf GalerieArt Matt Papier 150 g/m²

BT Verlag GmbH
Geschäftsführer: Maik Berger, Heiko Heinemann

live digital.
love print.

Ein Buch von 99 BOOKS, der Buchsparte im BT Verlag, München.

DANKE

für dieses Buch

Liebe Sauna-Designer, ihr habt nicht nur eure Projekte mit uns geteilt, sondern auch eure Haltung, eure Erfahrung und eure Leidenschaft für die Gestaltung außergewöhnlicher Saunen, Saunaräume und sogar ganzer Saunaanlagen. Dieses Buch wäre ohne euren Anspruch, Saunen als Orte der Ruhe, des Rückzugs und des bewussten Erlebens zu denken, nicht möglich gewesen. Mit Feingefühl für Materialien, Proportionen und Atmosphäre schafft ihr Räume, die weit über ihre Funktion hinausgehen und echte Wohlfühlorte werden. Ihr seid die Gestalter von Wärme und Erholung – und damit ein wesentlicher Teil dessen, was „DIE 99 SCHÖNSTEN SAUNA-DESIGNS" zu einem inspirierenden Buch macht. Vielen Dank für eure Kreativität und euer Engagement.

Liebe Fotografen, mit eurem Blick für Licht, Raum und Stimmung habt ihr die Saunen dieses Bildbandes erst erlebbar gemacht. Eure Bilder fangen nicht nur Architektur und Design ein, sondern auch die Atmosphäre von Wärme, Ruhe und Rückzug. Vielen Dank für eure Sensibilität, eure Geduld und eure Fähigkeit, aus Räumen Bilder zu machen, die wirken und nachhallen.

Liebe Alle, es war uns wirklich eine große Freude, dieses inspirierende Coffee-Table-Book für Euch zu realisieren – wir freuen uns jetzt schon richtig auf die nächste Ausgabe von „DIE 99 SCHÖNSTEN SAUNA-DESIGNS".

NOCH MEHR TOLLE BÜCHER

DIE 99 SCHÖNSTEN BÄDER
€ 39,99 / 224 Seiten / Bildband
ISBN 978-3-9820504-5-4

99 TRAUMHAFTE GARTENPOOLS
€ 39,99 / 224 Seiten / Bildband
ISBN 978-3-9820504-7-8

99 WUNDERBARE WEINGÜTER
€ 49,99 / 224 Seiten / Bildband
ISBN 978-3-9820504-8-5